ULTIMI VOLUMI PUBBLICATI

Rosella Postorino
Il mare in salita. Da Sanremo a Dolcedo passando per i bricchi

Flavio Soriga
Nuraghe Beach. La Sardegna che non visiterete mai

Rossella Milone
Nella pancia, sulla schiena, tra le mani

Vanni Santoni
Se fossi fuoco, arderei Firenze

Tommaso Giartosio
L'O di Roma. In tondo e senza fermarsi mai

L.R. Carrino
A Neopoli nisciuno è neo

Enrico Brizzi
La legge della giungla

Errico Buonanno
*L'eternità stanca.
Pellegrinaggio agnostico tra le nuove religioni*

Fabio Genovesi
Morte dei Marmi

Gabriella Kuruvilla
Milano, fin qui tutto bene

Alessandro Banda
*"Due mondi e io vengo dall'altro"
(Il Sudtirolo, detto anche Alto Adige)*

Cristiano Cavina
Romagna mia!

Nandu Popu
Salento fuoco e fumo

Marco Rovelli
*Il contro in testa.
Gente di marmo e d'anarchia*

Giuseppe Culicchia
Torino è casa mia

Editori Laterza

© 2005, 2009, Gius. Laterza & Figli

www.laterza.it

Prima edizione 2005
Ventiquattresima edizione 2008
Nuova edizione ampliata marzo 2009

Edizione
11   12   13   14

Anno
2014   2015   2016   2017   2018

Proprietà letteraria riservata
Gius. Laterza & Figli Spa, Roma-Bari

Questo libro è stampato
su carta amica delle foreste

Stampato da
SEDIT - Bari (Italy)
per conto della
Gius. Laterza & Figli Spa
ISBN 978-88-420-8857-8

alla memoria di mio padre

«He'd have, maybe, taken a trial trip with one of Razzo's skins early in the morning just after gettin' in from Torino...»

Ernest Hemingway, *My Old Man*

Indice

Cronologia	3
Intro	13
L'ingresso	24
Il corridoio	33
La cucina	42
Il salotto	50
La sala da pranzo	61
La camera da letto	70
Lo studio	80
Il ripostiglio	98
Il bagno	105
Il terrazzo	116
La cantina	125
Il solaio	133

Il garage	143
Quello che manca	156
Fine	163
Sotto il tappeto	165
Ringraziamenti	179

Torino è casa mia

Cronologia

X *secolo a.C.*   Non si muove foglia.

IX *secolo a.C.*   Tutto tace.

VIII *secolo* a.C.   Silenzio assoluto.

VII *secolo* a.C.   Macché.

VI *secolo* a.C.   Passa un'ape.

V *secolo* a.C.   Torna la calma.

IV *secolo* a.C.   Poi, si odono rumori in lontananza.

III *secolo* a.C.   A un tratto, compaiono all'orizzonte tribù di Taurini. Si fermano tra il Po e la Dora. Poco dopo, vengono assediate da Annibale, che distrugge i loro insediamenti.

154 a.C.   Arrivano in Piemonte le legioni di Roma.

101 a.C.   Ripetuti scontri tra Romani e Cimbri. Dei famosi Padani abitanti della Padania al momento non si sa nulla.

49 a.C.   Transitano le legioni di Cesare dirette verso il Rubicone.

28 a.C. — Augusto fonda Julia Augusta Taurinorum sulla pianta a scacchiera tipica degli accampamenti militari romani. Il destino dei torinesi è segnato: abituati da sempre ad aggirarsi in una città 'quadrata', altrove e specie a Milano non si orienteranno mai.

398 — Cristianizzazione. Il protovescovo Massimo inaugura la Cattedrale, cioè il futuro Duomo, ignorando che proprio lì davanti nel secondo dopoguerra verrà eretto il famigerato Palazzaccio.

568 — Arrivano i Longobardi. Dei famosi Padani abitanti della Padania, per ora, non c'è traccia.

773 — Carlo Magno nei pressi di Torino sconfigge Desiderio e parte alla conquista dell'Italia. Si attendono notizie dei Padani abitanti della Padania.

888 — Per i Carolingi butta male. La contea di Torino passa a Berengario I. Se qualcuno avesse visto i famosi Padani abitanti della Padania è pregato di comunicarlo.

X-XII secolo — In attesa dei turisti olimpionici, a Torino si succedono imperatori, vescovi, feudatari, sindaci. Dei famosi Padani abitanti della Padania invece nemmeno l'ombra. Intanto, conversando tra loro dal barbiere o dalla pettinatrice, i torinesi cominciano a parlare con una certa apprensione dei Savoia.

1248	Federico II assegna Torino a Tommaso II di Savoia. I torinesi, previdenti, non ne vogliono sapere.
1252	Tommaso II entra a Torino in armi.
1255-76	I torinesi sbattono fuori Tommaso II grazie all'aiuto degli astigiani. Però finiscono nelle mani prima degli Angioini e poi di Guglielmo VII del Monferrato. I famosi Padani abitanti della Padania, intanto, latitano.
1280	Tommaso III di Savoia si sbarazza di Guglielmo VII e torna a Torino in armi pure lui.
1343-83	Amedeo VI, detto il Conte Verde, decide che Torino abbisogna di spazio vitale: deve espandersi a est. Si comincia con Biella, poi chissà.
1404	Viene fondata l'Università di Torino. Nessuno ancora lo sospetta, ma l'edificazione di Palazzo Nuovo incombe.
1418	Amedeo VIII di Savoia è duca del Piemonte. Sposa una di Milano, duchessina pure lei. I milanesi, evidentemente felici di essersene sbarazzati, regalano al nobile piemontese Vercelli e provincia.
1536	Arrivano i francesi e occupano militarmente la città.
1563	Emanuele Filiberto rientra a Torino dopo che la capitale era stata spostata a Chambéry.
1575	Annessione di Asti e Saluzzo.

1587   Emanuele Filiberto di Savoia, già generale degli eserciti spagnoli sotto Carlo V, porta la cioccolata a Torino e la introduce a corte in occasione del matrimonio tra il figlio Carlo Emanuele I e Caterina d'Asburgo, figlia di Filippo II di Spagna.

1620   Carlo Emanuele II estende il ducato da Nizza a Ginevra, senza sospettare che un giorno un suo discendente si collegherà in diretta da lì a *Quelli che il calcio*.

1678   I Savoia concedono ad Antonio Ari la prima autorizzazione per vendere la cioccolata al pubblico. Da qui a tutto il Settecento Torino diventa il maggior centro europeo della produzione di cioccolata: durante il Secolo dei Lumi svizzeri, austriaci e francesi verranno in città per imparare il mestiere.

1706   I Savoia si schierano con gli Asburgo. I francesi assediano Torino. Pietro Micca li blocca facendosi esplodere in un cunicolo. Inizia con lui, primo kamikaze della storia, la passione tutta torinese per i record. La città viene liberata grazie all'intervento delle truppe imperiali. Le comanda il principe Eugenio di Savoia: cui in seguito verrà intitolata la settima divisione alpina delle SS, per l'appunto la Prinz Eugen, e un centro sociale occupato, per l'appunto il Prinz Eugen.

1713   Con la Pace di Utrecht Vittorio Amedeo II ottiene la Sicilia. Poi decide che è troppo

	lontana e la scambia con la Sardegna, terra in cui i Savoia arruoleranno i loro granatieri. A Palermo, sollievo generale.
1763	Apre i battenti il Bicerin, il caffè più antico della città. Lo frequenterà, tra gli altri, Cavour.
1780	Apre i battenti Fiorio, poi amatissimo da Nietzsche per via dei suoi gelati.
1798	Torino cade in mano alle truppe rivoluzionarie francesi. Napoleone soggiorna all'Hotel Dogana Vecchia in Via Corte d'Appello.
1802	Il Piemonte viene annesso alla Francia.
1814-15	Il Congresso di Vienna restituisce a Vittorio Emanuele I il maltolto, più Genova. Il dado è tratto: nel giro di un secolo e mezzo, i torinesi cominceranno a fare le ferie in Liguria.
1831	Carlo Alberto decide che è ora di darsi una mossa. Inizia il Risorgimento alla faccia dei famosi Padani abitanti della Padania, che comunque a Torino non li ha visti nessuno.
1848	È l'anno dello Statuto Albertino. Carlo Alberto, sulle ali dell'entusiasmo, dichiara guerra all'Austria. Sconfitto, abdica a favore di Vittorio Emanuele II.
1859	Alleanza coi francesi. L'Austria cede la Lombardia. La Francia si prende Nizza e la Savoia.
1861	Viene proclamato il Regno d'Italia. Torino è capitale.

1865	Torino non è più capitale. Al suo posto, prima Firenze, poi Roma. I torinesi, risentiti, protestano. Negli scontri di piazza, alcuni ci rimetteranno la pelle.
1875	Apertura del Caffè Baratti & Milano. Ai primi del Novecento Gozzano lo frequenterà assiduamente, e alle torinesi che lì si daranno appuntamento davanti a un vassoio di paste dedicherà una poesia.
1884	Con la Grande Esposizione la città si converte all'industria.
1889	In Via Carlo Alberto, dove abita e dove ha scritto *Ecce Homo*, Friedrich Wilhelm Nietzsche abbraccia un cavallo frustato da un vetturino. Nel senso che il vetturino frustava il cavallo, non Nietzsche.
1899	Giovanni Agnelli fonda la Fabbrica Italiana Automobili Torino.
1900	Primo Salone dell'Auto.
1904	Primi studi cinematografici.
1906	Prima partita del Torino Football Club.
1907	Prima tazza di caffè servita al bancone di Mulassano, il locale dove verranno inventati i tramezzini.
1915-18	Prima guerra mondiale. I Savoia tradiscono gli alleati germanici e si schierano con i più forti.
1937-38	La Fiat inaugura lo stabilimento Mirafiori.

1940-45   Seconda guerra mondiale. I Savoia stavolta si schierano con gli alleati germanici. Forse perché all'inizio questi sono obiettivamente i più forti. Poi però le sorti del conflitto mutano. Entrano in guerra gli americani, che nel giro di un paio d'anni sbarcano in Sicilia. Torino viene bombardata. E dopo l'8 settembre del '43, come da tradizione, i Savoia tradiscono gli alleati germanici e si schierano di nuovo con i più forti. A Torino le SS arrestano Fernanda Pivano perché sta traducendo *Addio alle armi* di Hemingway, e la interrogano presso il loro comando, l'Hotel Nazionale nell'odierna Piazza CLN. Poi la rilasciano.

1946   Dopo l'apposito referendum e la nascita della Repubblica, i Savoia vanno in esilio in Portogallo.

1950-60   Cesare Pavese si toglie la vita in una stanza dell'albergo Roma in Piazza Carlo Felice. Boom economico. A Torino arrivano i primi televisori, i primi frigoriferi e le prime lavatrici. Ma anche i cosiddetti 'terroni' o 'napuli', ovvero gli avi degli attuali 'zarri' o 'zamarri' o 'tamarri' o 'zatamarri' che dir si voglia. Per strada, su innumerevoli cartelli, si legge l'avviso NON SI AFFITTA A MERIDIONALI. Per alloggiare i nuovi arrivati, nasceranno quartieri *ad hoc*: Mirafiori, Falchera, Parella, le Vallette.

1960-70   I torinesi vanno in ferie sulle loro 500 soprattutto a Noli, in Liguria. In Curva Maratona nascono gli Ultras Granata.

1970-80 — Il Torino allenato da Radice vince lo scudetto '75-'76 con la seguente formazione: Castellini Santin Salvadori Patrizio Sala Mozzini Caporale Claudio Sala Pecci Graziani Zaccarelli Pulici. La contestazione prima e gli anni di piombo poi segnano duramente la città. Con la marcia dei quarantamila quadri Fiat finisce la stagione delle lotte sindacali. Dario Argento gira in parte a Torino *Profondo rosso*.

1980-90 — Nuovo primato torinese: anticipando la stagione di Mani Pulite, la giunta di sinistra cade in seguito a uno scandalo finanziario che vede coinvolti i socialisti. Nel frattempo, le frequenze di Tele Torino International vengono acquistate da Canale 5. Ora anche i torinesi vedono *Dallas*. I Ramones suonano in città. Viene occupato El Paso. Ai Murazzi nascono il Doctor Sax e Giancarlo.

1990-2000 — Crisi della Fiat e ultimo Salone dell'Auto, finora. Arrivano di nuovo i francesi, ma anziché occupare militarmente l'ex capitale sabauda aprono nel centro storico i primi locali con 'dehor'. I torinesi scoprono che a cena o a pranzo si può anche mangiare all'aperto, proprio come a Roma o a Napoli. Scatta perciò la riqualificazione urbana del Quadrilatero Romano. I Subsonica vanno in classifica. A Torino si tornano a girare numerosi film. Baricco scrive sulle pagine locali di un quotidiano che il Torino non scenderà mai più in Serie B. Iniziano gli anni più bui per la squadra granata, continuamente retrocessa nella categoria inferiore.

2003-2004 I Savoia tornano in visita a Torino. Sui muri della città fioriscono scritte inneggianti a Gaetano Bresci. Scomparsa di Gianni e Umberto Agnelli. Il compito di salvare la Fiat viene affidato a Luca Cordero di Montezemolo e John Philip Elkann. Intanto la sinistra cittadina si lacera: non sul futuro degli operai di Mirafiori, ma sul futuro di uno stabile abitato nel secolo scorso da Antonio Gramsci in Piazza Carlina, che da casa popolare dovrebbe trasformarsi in albergo a cinque stelle. Torino è invasa dai cantieri per la metropolitana e per gli edifici che ospiteranno le prossime Olimpiadi invernali del 2006.

2005 I torinesi fremono in attesa della metropolitana, destinata a essere inaugurata ad appena centoquarantadue anni di distanza rispetto a quella di Londra, e soprattutto aspettando le prossime Olimpiadi invernali del 2006: anche perché, da almeno un paio di decenni a questa parte, a Torino e dintorni nevica notoriamente pochissimo.

2006 Forse anche grazie alle righe che avete appena letto, durante le Olimpiadi invernali a

Torino nevica tantissimo. La manifestazione riesce a far riscoprire la città ai suoi abitanti, che dopo averla vista in tivù anche sulla NBC decidono per primi di andarla a visitare: in fondo, bastava uscire di casa non solo per recarsi al lavoro. Per i torinesi l'effetto è straniante, sorprendente, a tratti strabiliante: Torino, scoprono, non è grigia, ma colorata.

2007

Grazie all'effetto dei Giochi, a Torino arrivano parecchi altri turisti, oltre agli autoctoni. I ristoranti si dotano di menù in francese, inglese, cuneese. Per strada ci s'imbatte in scolaresche in gita provenienti da Venezia, Ravenna, Roma: tradizionalmente, luoghi dove tutti i torinesi venivano e forse vengono ancora portati a loro volta in gita in età scolare. L'effetto più dirompente di Calciopoli, il più grande scandalo nella storia del calcio mondiale, è la retrocessione della squadra bianconera in Serie B, evento che i tifosi granata tramanderanno di padre in figlio alle generazioni future. Nel frattempo, la Fiat risorge.

2008

A Torino sono in corso i preparativi per festeggiare nel 2011 i 150 anni dell'Unità d'Italia. Si spera che per la data dell'anniversario dell'Italia rimanga qualcosa. Nel frattempo la città si scopre piena di debiti, tanto che si pensa di vendere la Mole, il Regio e il Carignano.

Intro

Se questa guida fosse una guida a una città come un'altra, l'Intro starebbe prima della Cronologia. Ma questa è una guida a Torino. E Torino è Torino. Non è una città come un'altra. Secondo alcuni, deve il suo nome nientemeno che a Thor. Perciò l'Intro sta qua.

A Torino, in Piazza Vittorio Veneto, c'è un locale che si chiama Drogheria. È arredato con vecchie credenze, e poltrone e divani deformati dall'uso. Sembra di stare in una casa. Il pavimento è quello originale. In legno nero e un po' sconnesso, segnato dal tempo. Alla Drogheria si danno appuntamento dopo cena o all'ora dell'aperitivo soprattutto i figli di quella che una volta veniva definita 'la Torino bene'. Adolescenti che tra loro si chiamano 'cabinotti', per via della cabina telefonica di Corso Fiume dove a un certo punto hanno iniziato a ritrovarsi a bordo dei loro motorini. Per capirci, i famosi 'fighetti' degli anni Novanta, già 'paninari' negli Ottanta e 'cremini' nei Settanta. Col papà che spesso fa il professionista e la casa in collina, ossia appena al di là del Po che scorre sporco oltre i vicini Murazzi. Ragazzine tatuate con i Gucci da sole che costano un occhio e l'ormai classico piercing all'ombelico, e ragazzini con l'ultimo modello di Nike ai piedi e i capelli alla Beckham: jeans Levi's Engineered o Carhartt portati bassissimi in vita con tanto di cintura borchiata alla punk per entrambi i sessi. Infiltrati tra loro, riconoscibili per il colore delle sciarpe e l'aria decisamente meno 'bene', ci sono anche alcuni Ultras del Toro, gli stessi che di solito si trovano al Bar Sweet, di fronte ai resti del vecchio stadio Filadelfia. Ma del Toro si parlerà più avanti. All'ora di pranzo, però, alla Drogheria le cose cambiano. All'ora di pranzo, quando i 'cabinotti' sono a scuola oppure dormono per riprendersi dalla notte consacrata al *clubbing* nel fine settimana, alla Drogheria trovi altra gente. Adulti. O almeno presunti tali, in quest'epoca di annunci che alla voce Cuori Solitari recitano «ragazzo quarantenne cerca ragazza». Gli adulti, all'ora pranzo, a Torino, in Piazza Vittorio Veneto, alla Drogheria, siedono intorno a un unico tavolo. Assai lungo, e col piano in marmo di Carrara. La situazione ideale, a prima vista, per 'socializzare'. Ci sono i colleghi dello studio grafico in pausa e le amiche arredatrici che progettano vacanze a Pantelleria o Giannutri. Architetti non di rado alle prese con i lavori per le Olimpiadi del 2006 che hanno riempito Torino di cantieri e musicisti dei vari gruppi nati e cresciuti in città a partire dalla metà dello scorso decennio. Bene. Tutti i torinesi seduti all'ora di pranzo intorno al tavolo socializzante della Drogheria in realtà più o meno si conoscono: per certo almeno 'di vista', come si dice. Perché a Torino, città da sempre divisa in compartimenti stagni, chi frequenta certi posti e certi 'giri' non ne frequenta altri. E alla fine, che tu faccia di mestiere il professore universitario o lo spacciatore, incontri più o meno sempre le stesse persone. Ora: se la Drogheria fosse a Bologna o a Roma o a Napoli, o perfino a Milano, e se intorno al suo lungo tavolo socializzante dal piano in marmo di Carrara sedessero dei bolognesi o dei romani o dei napoletani, o perfino dei milanesi, allora inevitabilmente questi finirebbero per socializzare. Ma la Drogheria è a Torino. E a Torino i colleghi dello studio grafico parlano solo ed esclusivamente tra loro. E le amiche arredatrici anche. E gli architetti pure. E così i musicisti. Non se lo sognano nemmeno, di socializzare. A meno che un amico comune non provveda alla formalità delle presentazioni. Solo in quel caso gente che si incrocia da anni senza abbozzare nemmeno un 'ciao' arriva a scambiare qualche parola. Sembra una cosa da nulla. È una questione antropologica. A Torino, città prima militare e poi industriale, da sempre abituata alle gerarchie e alle divisioni per reparti, fossero di verniciatura o di truppe alpine, si vive così. Immaginatevi che cosa ha voluto dire tutto ciò per chi negli anni Cinquanta è arrivato sotto la Mole proveniente dal Sud, per lavorare alla Fiat o altrove. L'ha raccontato Gianni Amelio in *Così ridevano*, uno dei tanti film girati a Torino negli ultimi incerti anni. Incerti perché Torino, città già militare e poi industriale, non è più né militare né industriale. E giorno dopo giorno cerca la sua nuova identità. Puntando, si dice, 'sulla cultura'. Così che i cantieri per le prossime Olimpiadi, quelli a cui lavorano gli architetti in pausa pranzo alla Drogheria o altrove, sono forse al momento la metafora perfetta di un luogo in divenire, dove alle rovine si alternano nuove fondamenta, e accanto ai mozziconi di vecchie fabbriche in via di demolizione se ne intravedono altri, quelli degli edifici in via di costruzione.

E del resto: «Il fascino dei cantieri – scrive Marc Augé nel suo *Rovine e macerie* – dei terreni incolti in attesa ha sedotto cineasti, romanzieri, poeti. Oggi quel fascino dipende, mi sembra, dal suo anacronismo. Contro l'evidenza, esso mette in scena l'incertezza. Contro il presente, sottolinea la presenza ancora palpabile di un passato perduto e al tempo stesso l'imminenza incerta di quanto può accadere: la possibilità di un istante raro, fragile, effimero, che si sottrae all'arroganza del presente e all'evidenza del 'già qui'». E ancora: «I cantieri, eventualmente a costo di un'illusione, sono spazi poetici nel senso etimologico della parola: vi si può fare qualcosa; la loro incompiutezza contiene una promessa». E Torino, città-cantiere, è tutte queste cose. Anacronistica, incerta, allo stato attuale è soprattutto una promessa. O, se volete, almeno a giudicare dal numero di condomini attualmente in costruzione, una minaccia.

Prima di cominciare sul serio, però, sia detto una volta per tutte: Torino non è Wolfsburg. E in fabbrica non ci vanno più tutti i torinesi in blocco, come vuole la leggenda. Prima, l'autunno del 1980. Con i licenziamenti in massa dopo la marcia dei quadri dirigenti che pose fine allo sciopero delle tute blu. Poi, i mirabili effetti della tanto celebrata globalizzazione. Risultato: alla Fiat Mirafiori, su circa un milione di abitanti, sono rimasti in 14.377. Più o meno, l'1,4 per cento della popolazione. Altrove tuttavia il luogo comune della 'grigia città industriale', per definizione perennemente piovosa, resiste ostinato malgrado le non poche mutazioni in corso. A parte il fatto che il territorio urbano è da sempre verdissimo, e poco o nulla ha a che vedere con, appunto, Wolfsburg, la città satellite della Volkswagen edificata per volere di Hitler non lontano da Berlino a metà degli anni Trenta. A Torino ci sono 17.500.000 metri quadri di verde. I viali della città ospitano 65.000 alberi. E i parchi altri 100.000. I percorsi pedonali nel verde toccano i 50 chilometri. Le aree gioco sono 227. L'area verde fluviale è di 4 milioni di metri quadri, e si progetta di ampliarla fino a raggiungere i 12 milioni. Ma per la maggior parte degli italiani, e anche degli stranieri, Torino continua a essere una città industriale: perché Torino è la città della Fiat proprio come per i tedeschi Wolfsburg è la città della Volkswagen. L'abbaglio è una questione di prospettiva. L'industria fondata dal senatore Giovanni Agnelli, nonno dei fratelli Gianni e Umberto, da poco scomparsi, che ha compiuto di recente il secolo di storia e che in passato è stata raccontata più o meno metaforicamente da scrittori come Paolo Volponi o Oddone Camerana nei rispettivi romanzi *Le mosche del capitale* e *Il centenario*, ha senza dubbio lasciato un segno indelebile all'interno del paesaggio cittadino. Basti pensare all'enorme complesso del parzialmente riciclato Lingotto, e a quello tuttora in parte funzionante di Mirafiori, oltre alle mille 'boite' o fabbrichette del famoso 'indotto'. E ancora a quartieri periferici come quello delle Vallette, di cui ogni tanto si sente parlare alla tivù per via del carcere: vero e proprio ghetto periferico intitolato, secondo la leggenda, al dottor Vittorio Valletta, prima amministratore delegato e poi reggente della Fiat all'epoca della gioventù dorata dell'Avvocato, quel termitaio ingentilito da vie intitolate ai glicini o ai mughetti ma in origine del tutto sprovvisto di servizi venne costruito appositamente per alloggiare le nuove masse operaie provenienti dal Sud. Eppure, chi viene a Torino per la prima volta aspettandosi di trovare una distesa monotona di capannoni e alveari dormitorio, è costretto a ricredersi. Dagli ampi corsi alberati che tagliano rettilinei la città, voluti dai Savoia sul modello dei boulevard parigini per il timore di eventuali rivoluzioni e relative barricate, si ammirano il verde della collina e le cime innevate delle Alpi. Nelle piazze e nelle vie del centro, invece, trionfano il Barocco, il Liberty e il Neoclassico. Sublimi le follie dell'Antonelli. Qua e là, scampoli di architettura del Ventennio. I guasti peggiori, da un punto di vista architettonico, si sono prodotti nel dopoguerra. Ma di questo si tratterà in seguito. In ogni caso, il grigiore di Torino, di cui per primo parlò su «Casabella» negli anni Trenta del secolo scorso Filippo Burzio riferendosi all'astrattezza e alla razionalità del capoluogo subalpino, è oggi una leggenda metropolitana. Tanto che, dopo i recenti interventi di restauro che hanno restituito al centro storico i suoi colori originari, già mortificati qui come altrove dall'incuria e dallo smog, la città sta recuperando le tinte solari amate da Nietzsche, e da questi cantate nelle lettere all'amico Peter Gast. Ma torniamo in fabbrica. Intervistato a proposito dello stato delle cose dal quotidiano «il manifesto», Marco Revelli, docente alla facoltà di Scienze Politiche dell'Università di Torino, sostiene che quella in riva al Po «è una città che non sa come riciclarsi. Tutto è in frantumi, ci sono rovine (quelle di Augé, *N.d.A.*) dappertutto, come se l'esperienza industriale non si potesse riciclare. La storia di questa città nell'ultimo secolo sta scomparendo senza memoria, perché Torino non riesce a costruire memoria». Esempi in tal senso non mancano. Vedi l'ex fabbrica sita al numero 55 di Via Bologna, all'angolo con Corso Novara, e cioè di fronte all'edificio dove ha sede il Comitato per i giochi olimpici.

L'ex fabbrica sita al numero 55 di Via Bologna, e cioè all'angolo con Corso Novara, apparteneva a una ditta di nome Nebiolo. Aperta nel 1919, produceva rotative. Oggi non più. I vecchi reparti si spalancano vuoti al di là del portone principale. Nel primo a destra si legge ancora un cartello, è vietato l'ingresso al personale non autorizzato. Le finestre hanno sbarre. Ricordano prigioni. Vengono allora in mente gli operai del 1919 e seguenti. E si cerca di immaginare i loro pensieri mentre dietro quelle sbarre lavoravano nel clangore della fabbrica in piena attività. Il Chaplin di *Tempi Moderni* è passato anche di qua. Il reparto adiacente è meno claustrofobico. Niente divieti né sbarre, ma un soffitto altissimo e tanta luce naturale. La stessa che inonda il reparto numero tre, quello più ampio e lungo, dove non si può mettere piede a causa dei buchi che si aprono nel pavimento coperto di calcinacci e di macerie. Ma la luce? Da dove arriva? Beh, lì per lì resti davvero senza fiato. Perché la vecchia fabbrica nasconde una vera meraviglia. Decine e decine di piante altissime, che dal cortile si lanciano verso il cielo. Coperte da un'edera spettacolare, selvaggia, addirittura sfrontata, che da anni ha già cominciato a invadere i pavimenti di cemento: come se partendo da qui si preparasse a ricoprire tutta Torino. Mai vista un'edera così. Roba da mettere la vecchia fabbrica sotto vetro. Roba da portarci in gita i bambini delle scuole. Roba da trasformarla in atelier per artisti stranieri ospiti della città. Invece no. Qui, dopo il 2006, sorgerà l'ennesimo condominio. Che dire? Attenti all'edera, costruttori di condomini. Nel corso dei secoli avrà comunque la meglio. E ricoprirà non solo il condominio ma anche i suoi condòmini, con i loro televisori al centro delle librerie in truciolato comprate all'IKEA. Un'edera così sarebbe piaciuta a Knut Hamsun, lo scrittore norvegese che per primo, in romanzi come *Fame* o *Misteri*, denunciò i guasti della modernità. Un'edera così non ha paura di niente.

E poi, certo, il Lingotto. Il Lingotto con i suoi moduli simili a scatole per scarpe, però in cemento armato anziché di cartone. Progettato da Giacomo Mattè Trucco tra il 1916 e il 1922, in modo da soddisfare la concezione fordista dell'organizzazione del lavoro. Da cui la razionalizzazione del ciclo lavorativo, che si svolgeva verticalmente, piano per piano, lungo i cinque livelli delle officine. Il Lingotto nel 2006 ospiterà il villaggio olimpico, e una slanciata passerella lunga 150 metri scavalca già la stazione ferroviaria e collega il corpo principale della gigantesca struttura con l'area degli ex Mercati Generali, dove sorgerà la sede logistica delle Olimpiadi invernali. Ma dentro il Lingotto una volta non c'era *una* fabbrica. C'era *la* fabbrica. Dentro la fabbrica c'era una catena di montaggio. Dentro la catena di montaggio c'erano i pezzi delle auto che si producevano al Lingotto. Dentro i pezzi delle auto che si producevano al Lingotto c'erano degli gnomi in uniforme armati di cronometro che in incognito controllavano la tempistica degli operai addetti alla catena di montaggio. Dentro gli operai addetti alla catena di montaggio sorvegliati dagli gnomi in uniforme nascosti dentro i pezzi delle auto c'era una vocina che diceva «ma che ci faccio qui attaccato alla catena di montaggio a fare gli stessi gesti centoventi volte al minuto sessanta minuti l'ora dieci ore al giorno sei giorni la settimana cinquanta settimane l'anno?». Dentro la vocina c'erano il dialetto e i profumi e i sapori e i colori del paese d'origine di quegli operai arrivati al Lingotto dal Meridione o dal Nord-Est non ancora baciato dal miracolo, che lasciavano i loro famigliari e le loro case per guadagnarsi un salario mensile alla catena di montaggio. Adesso al Lingotto gli operai non ci sono più. I primi a utilizzare le vecchie aree industriali diventate obsolete per scopi culturali sono stati i tedeschi, nella Ruhr e dintorni. Poi sono arrivati gli altri. Tra gli esempi più recenti, la New Tate Gallery a Londra. A partire dalla metà degli anni Ottanta, Renzo Piano ha trasformato il Lingotto nel più importante esempio di riciclaggio postindustriale e postmoderno della città: con 246.000 metri quadri di superficie coperta e un corpo principale lungo 507 metri, il vecchio gigante era il maggior sito archeologico novecentesco d'Europa. Della Fabbrica Italiana Automobili Torino è rimasta la palazzina direzionale, riportata lì dall'Avvocato poco prima di morire. E al posto della catena di montaggio, delle presse e delle officine, ci sono camere d'albergo a cinque stelle, megaschermi di multicinema, scaffali e luci e prodotti e codici a barre e casse di centri commerciali, e poi le sale rivestite di ciliegio dell'Auditorium, e ancora la Pinacoteca Giovanni e Marella Agnelli nel suo scrigno d'acciaio, e la Bolla di vetro sospesa a quaranta metri dal suolo e usata come sala conferenze, e una sede staccata del Politecnico. Restano, inimitabili, le scale elicoidali: quelle che portavano le auto in fase di collaudo alla pista in cima al tetto. Al Lingotto negli anni scorsi hanno tentato di spostare il Festival del Cinema, o Torino Film Festival che dir si voglia, nato poco più di vent'anni fa come Cinema Giovani. Ma agli occhi dei 'cinéphiles' e dei normali spettatori, la manifestazione mal si accompagnava al contiguo centro commerciale. Sia i 'cinéphiles' sia i normali spettatori preferiscono le sale del centro, a due passi dai caffè storici e ben lontano dagli annunci del COMPRI TRE PAGHI DUE. E difatti nel 2004 il Festival è tornato in centro.

E ancora: i Docks Dora. L'area oltre il corso del fiume Dora, a nord del centro storico, è quella dove prima ancora della Fiat a Torino è nata l'industria. Fabbriche, magazzini, infrastrutture. Nella seconda metà dell'Ottocento questa parte della città era già pronta per girarci uno sceneggiato tratto da un romanzo di Dickens. I Docks Dora, capannoni di notevoli dimensioni concepiti per il deposito delle merci arrivate a Torino su rotaia e per questo collegati a un polo di smistamento ferroviario, vennero edificati immediatamente prima della Grande Guerra, nel biennio 1912-14. Nei Docks si entra da un cancello di ferro che si apre su uno spiazzo che si apre su due corridoi paralleli su cui si aprono innumerevoli locali, un tempo adibiti solo ed esclusivamente a magazzini, ora adibiti sia a magazzini sia a locali, intesi non come semplici locali ma come locali notturni. Qui, a metà degli anni Novanta, l'epicentro del *clubbing* a Torino. Un posto chiamato Reddocks. I migliori dj in circolazione. House a palla. Installazioni di giovani artisti. Party sui tetti dei capannoni. E nelle vecchie fabbriche sparse per la città, o appena oltre i suoi confini, la trance e la techno e il drum'n'bass dei primi rave illegali. Dove arrivavi solo se conoscevi le piste giuste. Oggi ai Docks ci sono studi di registrazione, atelier di pittori e scultori, sale prova per musicisti, studi di architetti. Ma tutto intorno è distruzione ed eruzione. Prima le ruspe hanno distrutto i perimetri dell'antica area industriale e raso al suolo il resto. Poi, anche qui come in Via Bologna angolo Corso Novara, un'eruzione di condomini. Niente di troppo ardito, per carità. Torino non è Wolfsburg e nemmeno Berlino, o Anversa. E la fontana di Mario Merz, l'Igloo che l'artista ha realizzato dall'altra parte della città nei pressi della Fondazione Sandretto Re Rebaudengo per il rinnovato Corso Mediterraneo, ha scatenato proteste a non finire da parte di molti residenti, insofferenti non solo all'arte contemporanea ma a qualsivoglia novità. Così, a parte i vari gadget all'avanguardia destinati agli interni delle cosiddette unità abitative, tipo l'aspirapolvere incorporato nel pavimento, visti da fuori i nuovi edifici sono rassicuranti, in tutto e per tutto simili a quelli sorti in città negli scorsi decenni. In una parola, banale perché di banalità si tratta, anonimi. Però qualcuno ha avuto un colpo di genio: i tetti degli anonimi, rassicuranti condomini sono blu. Lettura consigliata? Ovviamente *Il condominio*, di James G. Ballard.

Una volta però a Torino i lumpen non stavano solo in fabbrica o nell'equivalente degli odierni condomini, le 'case di ringhiera' del vecchio Borg' del Fum, ossia Borgo del Fumo, che poi sarebbe il quartiere prolet di Vanchiglia: oggi come oggi quello che forse ha conservato meglio la sua identità, seppure a ridosso del 'Village', l'area trendy che ruota attorno a Piazza Vittorio. Basta imboccare quell'elegante uscita di sicurezza in stile liberty che è Corso Francia, ignorare con distacco tipicamente sabaudo i disagi causati al traffico dei mezzi pubblici e delle auto private dai cantieri per la metropolitana, dirigersi verso Collegno e fermarsi a dare un'occhiata a un altro villaggio, il Villaggio Operaio Leumann. Costruito tra il 1876 e il 1906 e pensato per i suoi dipendenti dall'elvetico Napoleone Leumann, imprenditore evidentemente illuminato che smentendo i luoghi comuni sulla Svizzera e sui suoi abitanti anziché produrre cioccolata o tenere conti correnti si occupava di cotone, il Villaggio Operaio Leumann è un'entità autonoma provvista di stazione, scuola, chiesa e infermeria e comprende una trentina di casette a schiera che di nuovo riportano alla mente le pagine di Dickens, e dunque certe periferie londinesi. Ma Torino che non è Wolfsburg e non è Berlino e nemmeno Anversa, non è neppure Londra. È Torino. E chissà come sarà, quando al posto degli attuali cantieri, dove nelle viscere della terra e sui ponteggi sospesi in cielo si incrociano muratori rumeni, polacchi, tunisini o albanesi, avranno preso forma quelle che oggi sono ancora solo ipotesi. Quando le promesse diventeranno realtà: eventualmente, a costo di qualche illusione.

Detto questo, vivo a Torino da molti anni. La città è la mia casa. Perciò Torino è casa mia. È una casa abbastanza spaziosa. La divido volentieri con tutti. A cominciare dall'ingresso.

L'ingresso

L'ingresso, per me che sono figlio di un siciliano arrivato a Torino in treno nell'ormai lontano 1946, corrisponde alla stazione di Porta Nuova. Un tempo alla stazione di Porta Nuova si poteva assistere alla quotidiana, gratuita rappresentazione del *Deserto dei Tartari*. Dietro a una lunghissima fila di poltrone sempre vuote, i barbieri della stazione aspettavano pazienti che un qualche bipede varcasse la soglia del loro negozio, magari sfogliando vecchi numeri di «Oggi», «Gente» o «Cronaca Vera», oppure osservando il viavai dei viaggiatori, o facendo le parole crociate sulla «Settimana Enigmistica». Quando passavi di fronte a quel posto, con le luci dei neon accese sull'enorme stanza vuota, gli specchi orfani di clienti, i pettini e le forbici immobili accanto ai lavandini, e le piastrelle del pavimento senza nemmeno l'ombra di un capello, era impossibile non ripensare al romanzo di Buzzati. Ti veniva quasi da fermarti per un taglio, anche se non ne avevi bisogno. Giusto per rompere l'incantesimo di quell'attesa perenne. Invece tiravi dritto e proseguivi per la tua strada, dicendoti che doveva trattarsi, quella volta come ogni altra, solo di un caso. Se quei barbieri non avessero avuto clienti, ti dicevi, il negozio lo avrebbero chiuso da un pezzo. O magari era chiuso davvero: soltanto che ai barbieri nessuno lo aveva detto, e loro erano rimasti dentro, ad aspettare. Sia come sia, alla fine il negozio l'hanno chiuso sul serio. E oggi a Porta Nuova i barbieri non ci sono più. Quel loro lungo salone dalle pareti tappezzate di specchi, quelle sedie in apparenza vuote ma in realtà piene della speranza di veder comparire qualcuno che infine pronunciasse le magiche parole 'barba e capelli', quei loro sguardi a metà tra lo stoicismo e la rassegnazione di fronte al viavai di viaggiatori sempre più frettolosi e sempre meno disposti a fermarsi giusto il tempo di qualche colpo di forbici o di rasoio, resteranno comunque ancora un poco nella memoria di innumerevoli ferrovieri, pendolari e viaggiatori.

Porta Nuova in origine faceva parte della cinta muraria fortificata voluta da Carlo Emanuele I. Demolita dai francesi sotto Napoleone, diventò una stazione tra il 1860 e il 1868. La facciata di Carlo Ceppi e Alessandro Mazzucchetti è larga quasi 130 metri. Vista d'inverno, quando a Torino si accendono le Luci d'Artista, sembra una torta nuziale. Ai torinesi però Porta Nuova non piace granché. È piena di brutta gente, come tutte le stazioni. E poi da Porta Nuova sono arrivati in troppi. Prima tutti quei siciliani. Poi tutti quei calabresi. Poi tutti quei napoletani. Poi tutti quei pugliesi. Poi tutti quei marocchini. Poi tutti quei tunisini. Poi tutti quegli algerini. Poi tutti quei senegalesi. Poi tutti quei nigeriani. Poi tutti quei cinesi. Poi tutti quegli albanesi. Poi tutti quei rumeni. Il bello però è che nel corso del tempo, seppure a fatica, anche i nuovi arrivati hanno cominciato a sentirsi un po' torinesi. E così, i siciliani si sono a loro volta lamentati, nell'ordine, prima per via di tutti quei calabresi e poi per tutti quei napoletani, pugliesi, marocchini, tunisini, algerini, senegalesi, nigeriani, cinesi, albanesi, rumeni. I calabresi prima per via di tutti quei napoletani e poi per tutti quei pugliesi, marocchini, tunisini, algerini, senegalesi, nigeriani, cinesi, albanesi, rumeni. I napoletani prima per via di tutti quei pugliesi e poi per tutti quei marocchini, tunisini, algerini, senegalesi, nigeriani, cinesi, albanesi, rumeni. I pugliesi prima per via di tutti quei marocchini e poi per tutti quei tunisini, algerini, senegalesi, nigeriani, cinesi, albanesi, rumeni. I marocchini prima per via di tutti quei tunisini e poi per tutti quegli algerini, senegalesi, nigeriani, cinesi, albanesi, rumeni. I tunisini prima per via di tutti quegli algerini e poi per tutti quei senegalesi, nigeriani, cinesi, albanesi, rumeni. Gli algerini, prima per via di tutti quei senegalesi e poi per tutti quei nigeriani, cinesi, albanesi, rumeni... E avanti così. Quanto ai rumeni, aspettano con ansia che a Torino si decida a emigrare qualcun altro: perché loro, gli ultimi arrivati, non sanno con chi prendersela.

«Hai mica qualche spicciolo?» è forse tra le tante una delle frasi più ricorrenti, a Porta Nuova, specie davanti agli sportelli delle biglietterie di Trenitalia. Ma anche «Scusa c'hai un euro che mi manca giusto un euro per fare il biglietto?» risuona molto spesso, talvolta anche a bordo dei treni in attesa del fischio di partenza. C'è tuttavia chi ha praticamente smesso di parlare, a Porta Nuova. Sono quelle persone sedute sui gradini della stazione o sui carrelli portabagagli, carichi di borse di plastica capaci di contenere tutte le loro cose, che in verità non sono molte. L'atrio a suo modo è accogliente, nel senso che non rifiuta nessuno. C'è chi ci vive perché in fondo ci si può vivere: bene o male è provvisto di tetto, e contiene un minimarket e un tabaccaio, una farmacia e svariate edicole. Cosa, quest'ultima, che forse aumenta le probabilità di trovare un qualche giornale abbandonato di cui servirsi a mo' di coperta o materasso durante la notte. La Bartolomeo

& C., un'associazione di volontari, si occupa ormai da molti anni di chi vive alla stazione.

La cosa che a Porta Nuova sorprende di più, a distanza di tanto tempo, è il persistente successo del gioco delle tre campanelle, che in genere si svolge nella prospiciente Piazza Carlo Felice. Che qualcuno, magari appena sceso da un treno, possa ancora abboccare è abbastanza stupefacente. Tuttavia succede. In Piazza Carlo Felice i professionisti delle tre campanelle si aggirano come ombre, a qualsiasi ora del giorno, non importa la stagione. Quello che conta è avere un po' di fortuna, prima dell'inevitabile fischio o gesto o parola d'ordine del complice, di solito un vecchietto insospettabile e perciò sospettabilissimo che, appostato a pochi metri di distanza dal campo di gioco, segnala la comparsa delle cosiddette guardie. Il campo da gioco ha per forza di cose dimensioni ridottissime, studiate al millimetro. Deve poter sparire in una frazione di secondo, ripiegato sotto un braccio come se si trattasse di una sediolina da picnic. Al contrario di una sediolina da picnic, però, dispone di lunghe gambe affusolate, così da arrivare all'addome del giocatore e dei suoi spettatori, che si suddividono in due categorie: spettatori finti e spettatori veri. I secondi coincidono il più delle volte con una categoria a parte, quella dei famosi polli. Queste le regole: si arriva dunque in Piazza Carlo Felice, nella maggior parte dei casi dal lato dell'Hotel Ligure, e si dispongono tre campanelle metalliche sul panno blu che riveste la superficie del campo da gioco. Un paio di spettatori finti si sistemano accanto al giocatore, ovvero a colui che con mirabile rapidità fa sparire una pallina sotto una delle tre campanelle metalliche. Il vecchietto invece si posiziona sotto i portici in modo da poter tenere sotto controllo le vie d'accesso, nonché naturalmente quelle di fuga, circostanti. A questo punto, uno degli spettatori finti estrae di tasca 50 euro, e scommette su una delle tre campanelle. Il semplice gesto attira lo sguardo dei potenziali spettatori veri, in transito sotto il porticato da e per Porta Nuova. Qualcuno tra questi si ferma. Lo spettatore finto vince. Il giocatore, intanto, si produce in una litania che più o meno suona così: «Guardalapalla guardalapalla guardalapalla, conlapallavince senzalapallaperde, guardalapalla guardalapalla guardalapalla, conlapallavince senzalapallaperde, guardalapalla guardalapalla guardalapalla, conlapallavince senzalapallaperde, coraggiosignoripuntate, conlapallavince senzalapallaperde, complimentisignoreleihavintocinquantaeuri, pregoavantilgiuocoprosegue, guardalapalla guardalapalla guardalapalla, conlapallavince senzalapallaperde». Qualcuno tra gli spettatori veri comincia a domandarsi se per caso colui che tiene la palla debba definirsi 'palliere', come succede per chi, nei giochi di carte, tenendo il mazzo viene definito 'mazziere'. Qualcun altro invece non viene assalito da simili dubbi etimologici, e si lascia trasportare da certezze lombrosiane, pensando: «Figurati se mi faccio fregare da uno con una faccia così», riferendosi proprio al giocatore o 'palliere' che dir si voglia. A quel punto, il poveretto estrae a sua volta di tasca 50 euro. Indovinate come va a finire.

In Piazza Carlo Felice, negli ultimi anni, c'è poi chi si siede sulle panchine sotto gli alberi del giardino di fronte alla stazione, il Giardino Sanbuy, affollato da piante rare che al momento sopportano stoicamente il vicino cantiere per la metropolitana, e contenente il monumento a De Amicis. E, lì seduto, indirizza alle ragazze torinesi di passaggio il seguente, brevissimo ma ripetuto suono verbale: «Cs». A seconda della durata del tragitto nei pressi delle panchine, a seconda della velocità o della lentezza del passo, e a seconda del numero degli occupanti delle panchine, le ragazze hanno la possibilità di sentirsi circondate da sequenze variabili di 'cs', formate da due 'cs cs' o più iterazioni delle medesime consonanti, fino a un massimo di dieci 'cs' consecutivi: «Cs cs cs cs cs cs cs cs cs cs». Al momento non è possibile stabilire con esattezza che cosa significhi in arabo questo 'cs', né se si scriva davvero così.

Altri invece si fanno trovare sotto gli ippocastani della piazza vestiti di tutto punto, ma sprovvisti di documenti. Sono rumeni, ventenni, clandestini, e di mestiere fanno i gigolo. Ma anziché accompagnarsi alle signore torinesi non più giovanissime che fanno turismo sessuale soprattutto in Egitto a Sharm El Sheik, si prendono cura dei signori torinesi non più giovanissimi che, meno avventurosi delle loro coetanee, il turismo sessuale vanno a farlo in Piazza Carlo Felice.

La bellezza dell'emiciclo di Piazza Carlo Felice, disegnato da Gaetano Lombardi, Giuseppe Frizzi e Carlo Promis e realizzato tra il 1824 e il 1855, sta soprattutto nell'essere per l'appunto un emiciclo: rivolto verso i binari della stazione. Come se si trattasse in realtà di un porto, pronto ad accogliere con un abbraccio le imbarcazioni in arrivo e a salutare quelle che partono. Subito dopo la seconda guerra mondiale, nei giardini di Piazza Carlo Felice e nei caffè che si affacciavano sulla piazza lungo l'emiciclo, orchestrine suonavano ballabili. Gli uomini compravano le loro cravatte in Via Roma da Scappino, e le donne calzavano scarpe dalla suola di sughero, materiale autarchico, disegnandosi le cuciture delle agognate calze di seta sui polpacci. Negli ultimi anni, al Gazebo Sanbuy di estiva istituzione, sono riecheggiate alcune di quelle note. Sotto i portici della piazza, c'è l'ingresso dell'albergo Roma: quello dove nell'agosto del 1950 si tolse la vita Cesare Pavese. Tra le cose più rimarchevoli della zona, i chioschi dov'è possibile acquistare libri del passato in edizioni ormai fuori commercio. In uno di questi talvolta si trovano romanzi e racconti di autori perlopiù stranieri, pubblicati dalla vecchia Arnoldo Mondadori Editore in una celebre collana dalla copertina verde, «I libri della medusa». I proprietari dei chioschi, avvezzi alla fauna che transita nei pressi della stazione, guardano i nuovi clienti con circospezione, in particolare se giovani, mentre hanno un atteggiamento più rilassato con i clienti storici. Quello che colpisce è la capacità dei proprietari dei chioschi di ricordare quasi ciascuno dei titoli o perlomeno degli autori presenti in un dato momento all'interno di quei loro parallelepipedi stipati di carta stampata. Uno chiede un libro che non è più in catalogo dal 1974 e loro rispondono a colpo sicuro: «Sì, ce lo abbiamo», oppure «No, non ce lo abbiamo». Esattamente come i librai di una volta, prima dell'avvento del computer.

A proposito di librai: Torino, la città della Fiera del Libro, è città di librerie. Ce ne sono davvero tantissime. Probabilmente anzi è la città con la più alta percentuale di librerie *pro capite*. In Via Garibaldi ce ne sono tre. In Via Po cinque. In Via Roma e dintorni sette. Poi c'è quella all'angolo con Piazza Carignano, quell'altra dietro Piazza Carlina, quella in Via Principe Amedeo. E quelle intorno all'Università, quelle antiquarie e quelle di quartiere. E poi quelle specializzate in libri usati, scolastici e non, che solo tra Piazza Castello e Piazza Vittorio sono una decina. Eppure, anche qui come altrove, la specie dei librai è in via d'estinzione. I librai in Italia si stanno estinguendo da Gorizia a Trapani. La lotta del resto è impari. Nel nostro paese si legge pochissimo e il libro se va bene lo si regala a Natale, quando per definizione non si sa cos'altro regalare. I librai che oggi come oggi resistono al nuovo corso e dunque alla concorrenza di catene e supermercati e centri commerciali sono gli ultimi esemplari ancora in circolazione, e difficilmente verranno sostituiti. Se per caso ne conoscete, e se continuate a frequentarli malgrado non vi facciano lo sconto sul prezzo di copertina o in ogni caso non vadano oltre il dieci per cento, abbiate cura di loro. Sono come i panda. Una volta fare il mestiere di libraio era tutta un'altra cosa. Anche perché non venivano pubblicati tre milioni di nuovi titoli ogni due giorni, e il libraio non era costretto a calarsi quotidianamente nei panni del magazziniere e del contabile e dell'analista finanziario specializzato in redditività a metro quadro, né si ritrovava a passare ore e ore davanti al terminale per inserire i nuovi titoli di cui sopra 'a computer'. Così aveva perfino un po' di tempo per sfogliare i libri freschi di stampa e farsene un'idea e poi suggerirli ai suoi clienti in base ai loro gusti o alle loro esigenze. In questo senso talvolta il libraio oltre a essere un commerciante sapeva anche essere una specie di fido consigliere, o addirittura di medico dell'anima. Allora, ma qui si parla dell'età della pietra, il libraio conosceva a memoria i cataloghi delle varie case editrici. Cosa che pretendeva anche dai suoi collaboratori. Adesso naturalmente non serve più. Ci pensano le macchine. Risultato: qui a Torino, qualche settimana fa, una mia amica è entrata in una libreria inaugurata di recente, e quando ha chiesto *La Certosa di Parma* si è sentita rispondere: «Che lei sappia, è una novità?». Ormai, un classico.

Ma torniamo all'ingresso. L'atrio di Porta Nuova non è niente male, da un punto di vista architettonico. Ed è tanto grande che qualche tempo fa il torinese Saverio Vertone ha proposto di metterci dentro il Museo Egizio, spostando al Lingotto la stazione: idea splendida, e perciò subito accantonata. Se del resto Torino dopo la crisi dell'industria volesse davvero 'puntare sulla cultura', a Porta Nuova non ci starebbero male atelier e laboratori per artisti, e case alloggio per studenti, gallerie, sale di registrazione. Pare invece che all'interno della stazione, destinata presto a sparire con l'investitura di Porta Susa a principale snodo ferroviario della città, sorgeranno nuovi empori e botteghe e negozi. C'è chi pensa, anzi, di trasformarla senza indugi nell'ennesimo centro commerciale. Che dire? Ne sentivamo tutti il bisogno. A me, che a Porta Nuova da bambino prendevo La Freccia del Sud, il treno che d'estate mi portava in Sicilia con la mia famiglia, la vecchia stazione ha sempre fatto venire in mente il mare. Forse per questo quando chiudo gli occhi e mi immagino la Porta Nuova che verrà, vedo una grande piscina. Un architetto visionario, Maurizio Zucca, vorrebbe metterci le terme: idea decisamente troppo 'avanti', per Torino, temo.

Il corridoio

Il corridoio, da me, è provvisto di portici in marmo e si chiama Via Roma. Come molti corridoi è un po' pretenzioso. Fino a qualche decennio fa in Via Roma c'erano i negozi più eleganti della città. Ora la strada che dalla stazione di Porta Nuova arriva al cuore della città è piena di vetrine scintillanti, ma di quello che un tempo era lo scrigno dello stile torinese non c'è quasi più traccia. Se si escludono un paio di eccezioni, le vetrine di Via Roma sono ormai pressoché identiche a quelle che avrete già visto a Milano, Firenze, Bari: ovvero, anche qui trionfa il look *Grande Fratello*, e di quelle che Arbasino chiama nel suo *Paesaggi italiani con zombi* 'mignottone tivù'. Venire a Torino senza fare almeno una passeggiata in Via Roma, però, è praticamente impossibile. Tutta la città complotta per portarvi fin lì. Lì dove il sabato pomeriggio si tiene il rito dello struscio, che a Torino non si chiama struscio ma fare 'le vasche in Via Roma'. Fino a qualche anno fa 'le vasche in Via Roma' si facevano anche in automobile, nelle sere dal venerdì alla domenica, possibilmente su Golf Gti con i finestrini abbassati e lo stereo a palla che sparava house commerciale. La 'passeggiata' in automobile del resto è un'usanza tradizionale meridionale, e com'è noto, Torino è dopo Napoli la città più meridionale d'Italia. Ora invece fare 'le vasche in Via Roma' di sera in auto è vietato. Sotto un profilo per così dire antropochimico, osservare il comportamento degli adolescenti che fanno 'le vasche in Via Roma' il sabato pomeriggio a piedi è abbastanza interessante. Gruppi di ragazzi danno la caccia a gruppi di ragazze o a ragazze singole. Gruppi di ragazze danno la caccia a gruppi di ragazzi o a ragazzi singoli. Quando due gruppi di sesso opposto si incontrano, si assiste a un processo di fusione. Quando due gruppi del medesimo sesso si incontrano, si assiste a un processo di scissione. Quando un gruppo incontra un singolo, di solito questo si stacca e tira diritto. Fino a incagliarsi nel prossimo gruppo. Lo struscio degli adolescenti deambulanti a piedi usufruisce comunque anch'esso, sebbene saltuariamente, dell'apporto di impianti stereo semoventi: grazie alla fantasia e all'impegno di un tipo che ogni tanto fa 'le vasche in Via Roma' con un mangianastri strepitante nascosto sotto il maglione. Oppure, la domenica pomeriggio, per merito di certi signori con tanto di radiolina sintonizzata su *Tutto il calcio minuto per minuto* e portata a spasso in palmo di mano all'altezza dell'orecchio destro. Signori non di rado accompagnati da silenziose, sofferenti mogli appese al braccio sinistro.

Via Roma venne aperta nell'arco di tre anni, tra il 1612 e il 1615. Gli isolati che stavano sul percorso furono sventrati, e la città iniziò ad allargarsi verso sud secondo i piani urbanistici di Carlo di Castellamonte. Pare che la pavimentazione originale di Via Roma, all'epoca detta Contrada Nuova, fosse in legno. Poi, negli anni Trenta del secolo scorso, Mussolini volle darle un aspetto più solenne, e l'arteria che porta da Piazza Castello a Piazza Carlo Felice venne radicalmente trasformata. È per questo che in Via Roma lo stile neobarocco si intreccia al razionalismo modernista almeno fino a Piazza San Carlo, per poi cedere il passo a scelte monumentali caratteristiche dell'architettura voluta dal Duce. Vedi le colonne dei portici, assolutamente in linea con l'estetica del Ventennio.

Torino, in centro, è piena di portici. In caso di pioggia, lo sanno tutti, questi rivelano la loro utilità. E si narra di un Savoia che decise la costruzione di una via dotata di portici per poter andare dal suo palazzo fino al fiume senza correre il rischio di bagnarsi durante le giornate di pioggia: evidentemente non sopportava gli ombrelli e non aveva nessuna intenzione non solo di adoperarne uno da sé, ma neanche di permettere a qualcun altro di riparare la Sua Maestà. Ecco com'è nata, secondo la leggenda, la vicina Via Po. Secondo De Amicis, fare una passeggiata in Via Po in caso di neve era «il più bello spettacolo vivo, e nello stesso tempo il più originale che offra Torino». Ma in Via Po torneremo più tardi. Nel caso non si amino gli ombrelli, Torino è una città pressoché perfetta, quasi ideale. A Torino ci si può rifugiare sotto i portici a partire dall'ultimo tratto di Via Garibaldi. Da lì si può imboccare Piazza Statuto, poi Corso San Martino, poi Piazza XVIII Dicembre, poi Via Cernaia, poi Via Pietro Micca, poi Piazza Castello, poi Via Roma, poi Piazza San Carlo, poi di nuovo Via Roma, poi Piazza CLN, poi Piazza Carlo Felice, poi Corso Vittorio Emanuele II, poi Corso Vinzaglio. Dopo di che, si può attraversare e tornare indietro sempre per lo stesso percorso ma dal lato opposto. Il tutto, senza soluzione di continuità, e senza mai abbandonare i portici. Non male.

A Torino tra l'altro, in Via Roma c'è il posto perfetto per leggere gratis, dalle cinque e mezza del mattino alle sette e mezza di sera, in un'edicola che vende anche libri, nella quale ormai da oltre quindici anni tutti o quasi i clienti di passaggio sfogliano tutto, quotidiani, settimanali, quindicinali, mensili, bimestrali, trimestrali, semestrali, annuali e di tanto in tanto anche libri, nonostante numerosi cartelli segnalino *hic et nunc* e qua e là che LA CONSULTAZIONE NON È CONSENTITA. C'è chi legge interi romanzi, dalle due alle venti pagine al giorno, a seconda delle volte. C'è chi discute ad alta voce con testi di politica o filosofia, contestando le affermazioni dei rispettivi autori in essi riportate. E c'è chi segue intere vicende di cronaca o di attualità senza perdersi una puntata e senza spendere un euro, come quando si va dal medico della mutua o dalla pettinatrice e si leggono da cima a fondo le riviste a disposizione in attesa del proprio turno. Soltanto che dal medico della mutua o dalla pettinatrice non si va ogni giorno a sfogliare tutto lo sfogliabile da cima a fondo, mentre in Via Roma sì. I pochi che non sfogliano ogni tanto si lamentano con il personale del negozio dei tanti che sfogliano, perché vorrebbero poter acquistare intonso il materiale cartaceo di cui necessitano. Il personale del negozio ogni tanto fa presente ai tanti che sfogliano la richiesta dei pochi che non sfogliano. I tanti che sfogliano però sono troppo occupati a sfogliare per badare sia ai pochi che non sfogliano sia al personale del negozio. Il fatto che tanta cultura sia gratuitamente alla portata di tutti, o almeno di tanti, è in ogni modo indice di grande civiltà. Chi sfoglia tuttavia dovrebbe almeno evitare di voltare le pagine umettando sulla punta della lingua l'indice della mano incaricata. Anche questo, come indice di civiltà, non sarebbe male.

In Via Roma c'è il posto telefonico della Telecom. Il posto telefonico della Telecom si trova nel tratto compreso tra Piazza Castello e Piazza San Carlo, lato destro guardando Porta

Nuova, ed è composto da una sala tappezzata di telefoni 'a scheda', con in più un paio di macchine automatiche per la vendita delle schede medesime, di per sé innocue ma molto rischiose da usare nel caso si appartenga a organizzazioni terroristiche nazionali o internazionali. Alcuni degli apparecchi telefonici a disposizione del pubblico sono di seminuova generazione: tramite essi è possibile inviare e ricevere fax. Per quanto mi riguarda, non sono mai riuscito a capire come. Un altro dispositivo automatico permette inoltre agli utenti Telecom di pagare in loco le bollette Telecom. Presso il posto telefonico della Telecom non è raro incrociare sguardi arrivati da molto, molto lontano, e ascoltare lingue sconosciute. Un tempo, agli albori dell'immigrazione dal Nord e Centro Africa, chi desiderava chiamare casa al di là del Mediterraneo andava in Via XX Settembre, dove poteva rivolgersi alle centraliniste che gestivano i flussi di utenti verso le apposite cabine dell'allora Sip. Le apposite cabine dell'allora Sip erano di quelle a chiusura stagna, insonorizzate. Alcuni torinesi autoctoni ma timidi le utilizzavano per chiamare in tutta tranquillità le loro fidanzate. Ma qui si parla di preistoria: in quegli anni il posto telefonico della Telecom in Via Roma non esisteva, e non esistevano nemmeno i telefoni cellulari. A Torino come altrove, leggende più o meno metropolitane narrano di bizzarre malattie all'apparato uditivo, contratte attraverso l'uso di cornette di apparecchi telefonici pubblici non proprio disinfettate.

Giusto dietro Via Roma c'è una via che nessuno trova mai, Via Viotti. «Scusa, sai mica dov'è Via Viotti?» è una delle domande più frequenti che capita di sentirsi rivolgere in Via Roma. Via Viotti è esattamente lì, a due passi, ma nessuno la vede mai, o forse la si scambia per un *trompe-l'oeil*, chissà. In

Via Viotti una volta c'era Rock & Folk, storico negozio di dischi nel quale si andava per trovare l'introvabile, almeno a partire dal punk. Perché da Rock & Folk c'era di tutto: reggae, rap, rockabilly, raga, house, acid jazz, new wave, techno, drum'n'bass, ambient, grunge, noise, heavy metal, soul, funk, britpop, hip-hop, new romantic, hardcore, ska, oi, trash, gabber, progressive e non so cos'altro ancora. Moltissime volte, perfino a Parigi, Berlino, Amsterdam, Zurigo, Stoccolma o Londra, ai torinesi in viaggio capitava di pensare, dando un'occhiata ai negozi di dischi: beh, molto meglio Rock & Folk. Per quanto mi riguarda, da Rock & Folk ho comprato nell'83 il singolo dei Clash *Should I Stay or Should I Go* importato dagli USA, con *Cool Confusion* sulla seconda facciata, una versione introvabile in Europa. Se non fosse per Rock & Folk non avrei mai ascoltato i Dead Kennedys. Se Rock & Folk non fosse esistito non mi sarei mai imbattuto in *Your Generation* dei Generation X. Allora Rock & Folk era tutto giallo, o almeno così me lo ricordo: aveva una specie di transatlantico zeppo di vinile all'ancora nel corridoio centrale, e il caro, vecchio grappolo di metallari in jeans e giubbotti neri perennemente parcheggiati sull'entrata. Se volevi darti un appuntamento da qualche parte in centro, te lo davi da Rock & Folk. Se volevi sentirti in una metropoli europea, entravi da Rock & Folk. Se volevi imbatterti in qualche tipo strano, andavi da Rock & Folk. Nessun altro negozio di dischi al mondo ha mai avuto per me tanto fascino quanto Rock & Folk, nemmeno Rough Trade a Portobello Road, lo giuro. Nel suo periodo giallo, intendo. Poi sono arrivati i cd e tutto è diventato più funzionale e moderno. Rock & Folk ha cambiato porta d'ingresso, rinnovando sia i metallari all'esterno sia l'arredamento all'interno. Insomma, un pezzo della mia vita se n'è andato. E della vita di tanti altri, credo. Siamo diventati adulti. E Rock & Folk ha lasciato Via Viotti per Via Bogino angolo Via Cesare Battisti. Dove oggi le sue vetrine straboccano di *action figures* dei Kiss. Ma siamo davvero diventati adulti?

In Via Roma e dintorni, quando si approssima il Santo Natale, alcuni commercianti con uno spiccato senso estetico stendono davanti al loro negozio lunghe passerelle rosse. Non si sa di preciso chi abbia cominciato, sia come sia la moda ha preso piede ed è dilagata, contagiando non solo le circostanti vie del centro ma anche le più remote periferie. I commercianti che stendono le passerelle rosse davanti ai loro negozi lo fanno perché da qualche parte hanno letto che Torino è una città elegante, e sono convinti che riempirla di passerelle rosse la renda ancora più elegante. Il problema è che i commercianti che stendono le passerelle rosse davanti ai loro negozi non capiscono che dopo due-minuti-due di shopping le passerelle rosse non sono più rosse, ma zozze. La città già elegante geme sotto di esse, ridotta a un set di *Beautiful* inzuppato nel fango. E se per caso non siete più bambini e il Natale vi mette tristezza e dunque camminate a testa bassa per non vedere le luci natalizie che ornano le vie e le vetrine, che vi mettono ancora più tristezza, beh, allora oltre alla tristezza vi prende anche lo schifo: perché a Torino ogni tot metri lo sguardo vi cade sulle famigerate passerelle rosse. Zozze.

Una delle cose che sono sparite di recente da Via Roma è il mitico Bar Zucca, che stava nel tratto compreso tra Piazza CLN e Piazza Carlo Felice sulla destra guardando la stazione. Il Bar Zucca era un po' caro ma smerciava tramezzini notevolissimi. Al posto suo ora c'è un negozio di occhiali, molto al passo con i tempi, molto high-tech. Un altro bar storico che non è più stava praticamente all'angolo con Via Roma in Via Principe Amedeo: era l'Impera, tempio del biliardo cittadino. All'Impera si andava quando si tagliava la scuola, perché una volta scesa la scala che portava nel fumoso locale sotterraneo ci si sentiva al sicuro da incontri sgradevoli, e poi si poteva giocare a carambola o a calciobalilla, oppure, a partire dalla seconda metà degli anni Ottanta, con i videogiochi. Ma oltre ai cattivi studenti, l'Impera ospitava anche ottimi giocatori. I professionisti o aspiranti tali arrivavano nel pomeriggio con la loro stecca personale nell'apposita custodia di cuoio, e sotto la luce delle lampade sul tappeto verde dei biliardi sembrava di stare sul set del celebre film di Robert Rossen in cui Paul Newman interpretava Eddie Felson, *Lo spaccone*. Tra gli habitué dell'ormai defunto Bar Impera, resta indimenticato Piero Coppa, finissimo umorista e grandissimo *viveur*. Dimenticavo: al posto dell'Impera oggi c'è una sala per il bingo.

In Via Roma a Torino transitano le manifestazioni, che di solito partono da Piazza Albarello per concludersi in Piazza San Carlo o Piazza Vittorio Veneto, comunemente detta Piazza Vittorio. Per Via Roma, all'inizio degli anni Ottanta, sono passati i quarantamila quadri Fiat, chiudendo la stagione dei grandi scioperi del decennio precedente e dando inizio a quella dei grandi licenziamenti. Sempre in Via Roma, sempre negli anni Ottanta, sorgeva l'Esploratore Azzurro, il punto di ritrovo dei 'paninari'. All'Esploratore Azzurro in Via Roma il 'paninaro' torinese poteva comprare con la carta di credito di papà tutto il necessario: i piumini Moncler e le felpe Best Company, le calze Naj Oleari e le scarpe Timberland. I punk e gli skinhead invece rubavano lo stretto necessario dal portafogli della mamma o si trovavano un lavoretto da ponyexpress, e si vestivano da Suicidio in Via Po, il primo posto in città a tenere i Doc Martens con la punta rinforzata in acciaio e non, le T-shirt dei Sex Pistols e le polo Fred Perry. Chi andava all'Esploratore Azzurro non andava da Suicidio, e viceversa. Unica eccezione, Kakace, la ragazzina con i capelli rosso-punk che bazzicava entrambi i posti, poi destinata a coniare sui muri del centro slogan come BOTTA CONTINUA, e a entrare a suo modo nella storia del *clubbing* cittadino. Fermo restando che i punk delle origini, in genere senza una lira, le magliette se le facevano da soli, utilizzando biro, pennarelli, vernice a spray o, nel caso dei più dotati da un punto di vista artistico, gli appositi colori per stoffa. A proposito di punk e di slogan, comunque, il migliore in assoluto a Torino resta quello che inneggiava alla radicale autoriduzione del prezzo dei biglietti sui mezzi pubblici dell'ATM: e cioè il mai superato BOIA CHI BOLLA.

La cucina

La mia cucina è Porta Palazzo. Ossia, come amano sottolineare i torinesi amanti dei primati, il più grande mercato all'aperto d'Europa. Porta Palazzo in realtà si chiama Piazza della Repubblica. La porta, eretta nel Settecento per dare un ingresso monumentale al lato settentrionale della città dopo la realizzazione dei progetti urbanistici di Filippo Juvarra, non c'è più. L'hanno demolita all'inizio dell'Ottocento insieme con le mura e le fortificazioni. Resta, dello Juvarra, l'esedra con porticato in cui sbocca Via Milano, collegando il centro storico ai quartieri sorti lungo la Dora: da cui poi la pianta ottagonale della piazza. Qui, negli anni intorno al 1820, si cominciarono a tenere i mercati delle erbe e delle carni. Poco dopo vennero costruiti i bassi fabbricati destinati a ospitare il mercato del pesce e quello alimentare. Poi, nel 1916, venne edificato il padiglione delle Officine Savigliano, che col suo vetro e col suo ferro a me fa sempre venire in mente le vecchie foto scattate da Eugène Atget alle Halles di Parigi, un po' prima del film di Marco Ferreri con il Generale Custer e i suoi cavalleggeri circondati dagli Apache sulla spianata del futuro Centre Pompidou. Se pensate che con le sue vie diritte e i suoi colori delicati Torino sia una città troppo nordica, e poco italiana nel senso di poco caotica e solare, Porta Palazzo sembra fatta apposta per farvi ricredere. Almeno nei giorni feriali. A Porta Palazzo, nei giorni feriali, ci si può mescolare alla folla che intasa i banchi del mercato e sentirsi un po' a Palermo, malgrado l'assenza del mare e delle palme. Perché per il resto c'è tutto. Il rosso dei pomodori e dei peperoni. Il giallo dei limoni e delle banane. Il verde del basilico e della menta. Storditi dalle urla di fruttivendoli calabresi e siciliani coadiuvati da una manovalanza ormai pressoché interamente nordafricana, si viene risucchiati dal fragrante, caotico, smisurato labirinto a poche centinaia di metri dal Municipio cittadino. E, a seconda dei casi, ci si ritrova a vagare in grandi pescherie, o in minuscole macellerie islamiche.

«The shareef don't like it, rockin' the Casbah, rock the Casbah!»: suonava così il ritornello di un successo estivo di poco più di vent'anni fa, quando a Torino uno se voleva una Casbah se la doveva per forza immaginare sulla scorta di quanto visto al cinema o in tivù nella *Battaglia di Algeri* o ne *L'uomo che sapeva troppo* o naturalmente in *Casablanca*, oppure in *Totò le Moko*. A Porta Palazzo, negli anni Cinquanta e seguenti, la domenica mattina si davano appuntamento gli immigrati dal Sud, proprio come nelle piazze dei paesi d'origine. A Porta Palazzo, oggi, la domenica mattina si ritrovano i nuovi immigrati. Così ora a Torino una Casbah c'è, ed è lì: inebrianti profumi e inquietanti vicoli compresi. A Porta Palazzo da qualche anno c'è un imam che ogni tanto finisce sulle pagine dei giornali o in televisione, e c'è anche un *hamman*. È da qui che sono partite le fiaccolate contro gli immigrati che spacciano soprattutto 'fumo' ed eroina in Corso Regina Margherita e nelle vie adiacenti: fiaccolate cui hanno partecipato i residenti del quartiere, ovvero gli immigrati di mezzo secolo fa, che però non sfilavano quando a Porta Palazzo come altrove, alle Vallette, a Mirafiori o in Via Barbaroux, la manovalanza dello spaccio era calabro-siculo-campano-pugliese-lucana. Ed è qui che la Lega Nord ha portato i sacerdoti di Lefebvre. Per riconsacrare il suolo di quella che i vecchi torinesi chiamavano 'Porta Pila'.

Il mercato dei contadini, a Porta Palazzo, è composto da quattro file di banchi di frutta e se ne sta sotto il padiglione che a me ricorda le vecchie Halles parigine fotografate da Atget. E, trattandosi di un mercato, funziona proprio come Wall Street. Nel senso che le quotazioni di melanzane e zucchini scendono col calare della domanda ovvero col passare delle ore, di modo che se uno va a fare la spesa intorno alla chiusura e cioè all'una del pomeriggio, quando la richiesta di melanzane e zucchini è sensibilmente calata rispetto alle ore precedenti, spunta prezzi molto più abbordabili. Dimenticavo: il mercato dei contadini di Porta Palazzo si chiama così perché contiene alcuni autentici contadini, provvisti di mani e di facce da contadini, segnate dal lavoro e dal sole. Volendo, ci si possono portare i figli in età scolare, così da fargli vedere che la frutta e la verdura non crescono spontaneamente sui banchi dei centri commerciali, e che i contadini esistono ancora pure da noi, e non solo in Laos e Cambogia dove si è stati in vacanza l'anno scorso tredici giorni undici notti tutto compreso. I prezzi del mercato dei contadini di Porta Palazzo restano tra i più competitivi in assoluto in città. Tuttavia, anche qui niente è più come prima dell'euro.

E i tram che sferragliano e i clacson che strombazzano e le gomme che stridono e FORZA MASSAIE POMIDORI E MELENZANE UN EURO AL CHILO FORZA MASSAIE e le scavatrici che scavano e i martelli pneumatici che pneumomartellano e i portoni che cigolano e le porte che sbattono e i tacchi che ticchettano e i camion che rombano e CHI PISCI CHI PISCI CHI PISCI MA QUANT'È FRISCU 'STU PISCI UN BRANZINO SEI EURO FORZA e i televisori che rimbombano e gli autobus che frenano e le radio che strepitano e i vigili che fischiano e le moto che sgommano e le bici che filano e i campanelli che squillano e MOZZERELLE DI BUFALA FRESCHE DALLA PUGLIA PREGO SIGNORA ASSAGGI QUESTO GRANA e gli operai che vociano e le gru che gruano e gli scalpelli che scalpellano e i trapani che trapanano e le cazzuole che cazzuolano e i vetri che tremano e le sirene che suonano e i cani che abbaiano e le obliteratrici che obliterano e le saracinesche che calano e i tombini che inghiottono e i cellulari che trillano e FORZA MADAMINE ARANCE DI SICILIA APPENA ARRIVATE ESPRESSE DA BAGHERIA FORZA e. Ecco com'è, Porta Palazzo.

Porta Palazzo, pure lei, sta cambiando. Prima col sottopasso che ha interrato Corso Regina Margherita allo scopo di evitare gli ingorghi, dove però gli ingorghi restano frequenti perché in quel punto sotto Piazza della Repubblica il viale si restringe a una corsia sola in entrambi i sensi di marcia. Poi con la sistemazione dell'ultimo tratto di Via Milano, con le facciate dei palazzi tirate a lucido e ridipinte con i colori originali. Ora tocca ai portici della piazza, già rifugio di barboni e tossici. E presto finiranno i lavori per la riedificazione del padiglione dell'abbigliamento, proprio di fianco all'angolo con Corso Regina Margherita, quello dove le uniche facce bianche che vedi appartengono a chi è in cerca della dose quotidiana, dacci oggi la nostra dose quotidiana e liberaci dal metadone nei secoli dei secoli amen, e perciò più che bianche sono verdi. A Porta Palazzo ha sede il progetto The Gate, che si occupa di recuperare il quartiere da un punto di vista sia urbanistico sia sociale. The Gate sta di fianco alla vecchia stazione non più in uso della Torino-Ceres, la ferrovia che collega la città alle Valli di Lanzo. Lì dietro c'è il Balon, il mercato delle pulci, dove andremo più tardi. E di fronte, dall'altra parte di Corso Giulio Cesare, ci sono i fabbricati davanti ai quali chi ha la pelle bianca passa di rado, a qualsiasi ora del giorno o della notte, perché quello è ormai da anni territorio totalmente nordafricano tranne recenti sfumature cinesi, e marciapiedi e androni sono spesso occupati stabilmente da personaggi, come dire nell'epoca in cui vige la dittatura del *politically correct*?, poco rassicuranti. Difatti i prezzi degli alloggi in vendita da queste parti sono parecchio convenienti, e c'è chi previdente compra in zona contando sul futuro recupero del quartiere, così com'è accaduto nel vicinissimo Quadrilatero Romano: oggi modaiolo, appena l'altro ieri malfamato.

Alle spalle di Porta Palazzo e del Balon si stende il cosiddetto Cottolengo, che poi è la Piccola Casa della Divina Provvidenza. L'istituto, fondato da san Giuseppe Benedetto Cottolengo nel 1832 e gestito da religiosi e volontari, contiene ospedali, scuole e ricoveri per handicappati, anziani, malati, e in generale per gli emarginati che non trovano posto tra le pieghe della città che 'non sta mai ferma', come recita lo slogan della Torino che dopo la crisi dell'auto e il ridimensionamento della Fiat cerca di darsi una nuova identità. Al Cottolengo il ligure Italo Calvino ha ambientato il racconto *La giornata di uno scrutatore*.

In uno stabile dello Juvarra, proprio di fianco al banco che al mercato di Porta Palazzo vende cinture, fibbie e altro, e dietro l'edicola all'angolo con Via Milano, è stata aperta di recente una pizzeria con tanto di forno a legna e menù di specialità piemontesi. Specialità che in zona finora si potevano gustare in un paio di locali 'storici': il San Giors e il Tre Galline, e dalle parti del Balon alla Rusnenta. La nuova pizzeria convive con una macelleria islamica, una panetteria gestita da una famiglia meridionale e una lavanderia a gettone con annesso ufficio per il trasferimento di denaro all'estero, di quelli usati dagli immigrati per far pervenire le loro rimesse ai congiunti in Africa o in Asia o in Sudamerica. Per il momento i torinesi non affollano ancora la nuova pizzeria: quel tratto di portici affacciato sul mercato è ancora considerato 'a rischio', e le folle che ogni sera invadono il Quadrilatero Romano non si spingono fin qui. Chi investe da queste parti, come si è detto, conta di beneficiare delle prossime trasformazioni urbanistiche. E spera che le abitazioni 'popolari' che nel secondo dopoguerra hanno ospitato i nuovi torinesi arrivati dal Sud, per poi spesso venire affittate un tanto a letto all'arrivo dei primi nordafricani alla metà degli anni Ottanta, vengano presto restaurate, ristrutturate e rinnovate, con il conseguente aumento esponenziale di affitti e prezzi al metro quadro: di modo che le masse dei lumpen vengano sostituite da giovani professionisti single e non e che anche a Porta Palazzo si propaghi l'effetto Quadrilatero. E del resto: proprio lì, nel Quadrilatero, in Via Sant'Agostino e in Via Santa Chiara e in Via Bellezza e in Piazza Emanuele Filiberto, fino a pochi anni fa solo pochi torinesi avrebbero osato avventurarsi, e comunque non dopo una certa ora. Adesso invece almeno durante la bella stagione sembra di stare a Barcellona e una ragazza per quelle vie può camminare sola anche alle tre di notte. Il 'disagio' naturalmente rimane, ma a Torino, che 'non sta mai ferma', viene spostato altrove.

A Porta Palazzo c'era un gran viavai di impiegati comunali, sul finire del secolo scorso: d'altronde il Municipio è giusto a cinque minuti, e fare la spesa durante l'orario di lavoro era anche nell'efficiente e nordica Torino prassi consolidata, proprio come al Sud. Poi i controlli tra le mura del cosiddetto Palazzo Civico sono aumentati, e pare che il fenomeno sia scemato. Detto questo, la bellezza del mercato tocca forse il suo apice al momento della chiusura, quando sulla piazza non resta che un mare di rifiuti. La visione di questa distesa di sacchetti di carta, borse di plastica, cassette di legno, scatole per scarpe, fogli di giornale, brandelli di pesce, resti di frutta, avanzi di verdura, con i mezzi dell'Azienda Municipale Raccolta Rifiuti che innaffiano il selciato e quei due o tre anziani male in arnese che curvi sull'asfalto setacciano i rifiuti, ha la potenza di un dipinto di Hieronymus Bosch rifatto da un iperrealista americano, chessò, Artschwager. Ma si può dire che Porta Palazzo non chiude mai: perché quasi non si fa in tempo a sgombrarla dalla spazzatura che è già ora di rimontare, in piena notte, i banchi del mercato. Anche in questo caso, nessuno nella manovalanza ha passaporto italiano. Tra le iniziative in assoluto più interessanti in programma da parte dell'attuale amministrazione, si segnala il progetto di fornire al mercato di Porta Palazzo grembiuli e sporte tutti uguali, così da rendere il mercato più ordinato ed elegante. Perché ogni tanto la Torino che non sta mai ferma si ferma a pensare, e partorisce idee così. Geniali.

Restano spettacolari, nelle domeniche d'estate a Porta Palazzo, le aste per la vendita delle angurie, con i venditori a forma d'anguria pure loro che dai rispettivi camion scaldano gli animi degli astanti aiutandosi col microfono, odierno succedaneo del megafono e prima ancora del tamburo. Così come spettacolare è durante tutto l'anno il negozio di sementi di fianco al mercato del pesce, dove si trova ogni genere di legume e di riso e di farina, compresa quella per il couscous. Uno spettacolo a parte è la Galleria Umberto I, che prende il via nelle stradine dietro il mercato dirette verso il Duomo e sbuca inaspettata proprio su Piazza della Repubblica: ricoperta di vetro e acciaio, contiene alcuni negozi un po' fuori dal tempo, una farmacia e alcuni laboratori. In uno dei due bar che si aprono sotto le sue volte, Gianni Amelio ha girato parte del suo *Così ridevano*. I gestori del locale venivano da Trapani e avevano conservato il loro accento siciliano, e quel posto, che aveva conservato nel tempo gli arredi originali, era uno dei pochi pezzi superstiti della Torino degli anni Cinquanta, ancora frequentato dai vecchi habitué del quartiere. Poi il nuovo che imperterrito continua ad avanzare è avanzato fin qui: e del vecchio bar, oggi ristrutturato secondo criteri strettamente modaioli, non resta che il ricordo.

Il salotto

Il mio salotto, che poi è il salotto di Torino, è Piazza San Carlo. Circondata da simmetrici edifici muniti di ampi portici, Piazza San Carlo deve la sua struttura aristocraticamente perfetta al solito Carlo di Castellamonte, che prima la progettò, e poi ordì con i Savoia un astuto piano: «On vous donne la terre», vi si regala la terra, dissero ai nobili della città gli avi del futuro ospite di *Quelli che il calcio*, «mais il y a un mais», ma c'è un ma, continuarono. Quale ma? Presto detto: i nobili dovevano contraccambiare la cortese elargizione edificando i loro palazzi secondo i disegni dell'architetto di corte. Cosa che, da buoni torinesi, pragmaticamente fecero. Ecco dunque che tra il 1642 e il 1650 la piazza prese forma sul luogo dove anticamente sorgeva l'anfiteatro romano. I palazzi, di pianta rettangolare, vennero concepiti con un grande atrio a pianterreno e un salone d'onore al piano cosiddetto 'nobile'. All'interno di ciascuno di essi, un bel giardino: cosa di cui, oggi come oggi, non rimane praticamente traccia. Già negli anni Venti Piazza San Carlo era il salotto buono della città. I torinesi la domenica si mettevano addosso qualcosa di elegante e, dopo la messa nella chiesa di Santa Cristina e un salto all'edicola all'angolo con Via Santa Teresa, andavano a bersi un vermut al

Caffè Torino o al Caffè San Carlo. Negli anni Trenta, mentre per volere di Mussolini si ridisegnava Via Roma, in Piazza San Carlo arrivarono le prime auto Balilla. Negli anni Quaranta, ecco la moda: sulla piazza venne inaugurato il negozio di stoffe Galtrucco, tempio della sartoria e dello stile torinese destinato a chiudere nel 2000 per fare posto a un franchising Benetton. Poco distante, sotto i portici di Via Roma, aprì Richard Ginori. Poi, dopo la guerra, gli anni Cinquanta, con le manifestazioni elettorali e i comizi di Togliatti e De Gasperi. E dopo il Boom degli anni Sessanta e per tutti gli anni Settanta, i torinesi iniziarono a parcheggiare le loro utilitarie su tutta la piazza: niente parcheggi a pagamento, allora. E Piazza San Carlo, prossima area pedonalizzata malgrado i timori e le proteste dei commercianti, era il paradiso della 'sosta selvaggia'.

In Piazza San Carlo c'è un toro che scalpita incastonato al centro del marciapiede di fronte all'antico Caffè Torino. Secondo la popolazione autoctona, calpestarne gli organi genitali pare porti fortuna. Qui, comodamente seduti ai tavolini del locale, si può dunque assistere allo sport preferito dei torinesi: che contrariamente a quello che si ritiene non è il calcio. Il gioco sta nel transitare di fronte alla gente seduta nel dehor del Caffè Torino in maniera del tutto naturale, calcolando nell'arco di pochi secondi l'esatta traiettoria, il giusto numero di passi e l'ampiezza delle falcate, così da riuscire a calpestare gli organi genitali del toro senza avere l'aria di volerlo fare davvero. Cosa che tra l'altro ha a che fare col noto *understatement* torinese.

In Piazza San Carlo si danno appuntamento i tifosi di calcio per festeggiare le vittorie della loro squadra, che di solito, va detto, non è il Toro. I tifosi si arrampicano ogni volta sul monumento equestre al centro della spianata, che ritrae Emanuele Filiberto mentre rinfodera la spada dopo la battaglia di San Quintino. Tutt'intorno infuria il baccano infernale prodotto da clacson, trombe, tamburi, petardi e cori, e televisioni e fotografi non mancano mai di riprendere i tifosi sbandieranti aggrappati al cavallo di bronzo, da cui la denominazione nell'antico idioma locale del vicino Caffè Caval 'd Bruns. Il giorno dopo, i tifosi si rivedono sui giornali o in tivù, e si fanno riconoscere soddisfatti da parenti, amici, compagni di scuola e colleghi di lavoro. Il cavallo, invece, proprio come il toro di cui sopra, francamente non ne può più.

Sempre in Piazza San Carlo, ogni tanto l'Avvocato andava all'esclusivo Circolo del Whist, cui i soci accedono varcando il portone dotato di portiere in uniforme accanto alla celebre confetteria Stratta: arredata ancora oggi come nel 1836, in un trionfo di specchi e boiserie, e ripiena di caramelle, gianduiotti, bignole, cremini, praline, marroni, torroni, creme. Qui si serviva Cavour quando voleva fare bella figura con gli ospiti. Non ci credete? Hanno conservato le fatture. Dall'altra parte della piazza, il Caffè San Carlo ha conosciuto anni difficili. Di recente però è stato rilevato dai proprietari del Caffè Fiorio in Via Po, che l'hanno restaurato restituendogli tutto il suo splendore neoclassico fatto di stucchi, ori, statuine e capitelli corinzi, e i torinesi sono tornati a frequentarlo. E riguardo alla passione tutta torinese per i primati, il San Carlo è stato il primo caffè italiano a dotarsi, nel 1832, di illuminazione a gas. Più giù lungo i portici, andando verso Porta Nuova, c'è il Caffè Torino, altro locale storico. Le sue sale eleganti risalgono al 1903, e infatti sprizzano Liberty da tutti gli ori, oltre che da tutti i cuoi. E sempre lì, tra i due caffè, ecco un paio di altre istituzioni torinesi: Paissa e il San Paolo.

Paissa a Torino è un emporio provvisto di ogni genere di vini tè liquori biscotti salmoni marmellate creme cioccolatini torte. Un tempo Paissa era celebre, oltre che per la qualità e la quantità dei prodotti alimentari in stoccaggio, anche per via delle maniere un po' rudi dei suoi dipendenti. Andavi da Paissa e sapevi che ti avrebbero trattato rudemente, e questa rudezza faceva parte del fascino di andare da Paissa. Tu potevi rivolgerti agli addetti alla vendita nei modi più urbani, o addirittura strisciare ai loro piedi. Loro se ne fregavano. Mai un sorriso, mai una parola gentile, solo e sempre rudezza, come in una scuola militare prussiana. Poi, chissà perché, da Paissa sono diventati tutti gentili. Basta maniere rudi. Perfino se entri e fai il rude con loro. Peccato. Da Paissa ci sono una sala principale e due sale secondarie, oltre che un magazzino invisibile al pubblico, al quale i commessi accedono all'arrivo degli approvvigionamenti direttamente da una delle grate che si aprono su Piazza San Carlo: spettacolo bizzarro, in cui nell'arco di una vita un torinese si imbatte di rado. In fondo alla sala principale c'è il bancone dietro cui sono schierati gli addetti alla vendita, e al centro quello su cui sono schierate decine, centinaia, migliaia di prelibatezze. Accanto all'uscita, che poi è anche l'entrata, c'è la cassa. Le stesse prelibatezze esposte sul bancone centrale, più innumerevoli altre, stazionano racchiuse nelle loro confezioni colorate anche sugli scaffali alle pareti del negozio, sia nella sala principale sia nelle altre due, e affollano le gigantesche vetrine affacciate su Piazza San Carlo. Naturalmente Paissa per tradizione si intasa di torinesi in genere abbienti in particolar modo a Natale. Ma non approfittarne durante il resto dell'anno sarebbe da incoscienti. Una volta dentro, l'importante è non uscire a mani vuote: tante volte, tenuto conto delle ristrettezze attuali, basta anche solo un tubetto di crema alle castagne o al gianduia, e la vita torna a sorriderti come quando eri ancora inesperto e pieno di illusioni. E se è vero, come scriveva Francis Scott Fitzgerald, che la felicità umana è quanto di più fragile esista al mondo, e non fai in tempo ad afferrarla che già ti è sfuggita, è anche vero che Paissa invece se ne sta lì, in quel preciso punto di Piazza San Carlo, e non ti tradisce mai.

Poi c'è il San Paolo. Ossia l'Istituto Bancario San Paolo IMI, che una volta era il San Paolo di Torino. E per fare la coda, a Torino, il San Paolo di Piazza San Carlo è davvero il massimo. Praticamente sconosciute in corrispondenza di qualsivoglia fermata d'autobus o di tram, le code si formano a Torino in tre casi soltanto: in banca, alla posta e al parcheggio dei taxi della stazione di Porta Nuova lato Via Sacchi, dove un apposito corridoio formato da cavalletti di metallo fa sì che in tale luogo non ci si accoltelli pure per prendere un taxi. Premesso che sotto un profilo antropologico la mancanza di 'senso della coda' non fa parte solo ed esclusivamente delle caratteristiche dei torinesi, ma di quelle degli abitanti di tutta la Penisola isole incluse, va altresì detto che Torino è, anche se a volte non sembra, in Italia. E in alcuni altri luoghi, segnatamente in certi supermercati al banco dei salumi e dei formaggi, in certe panetterie e in certe gastronomie, per far fronte alla totale mancanza del senso della coda o comunque del rispetto del proprio turno da parte dei torinesi, si è provveduto all'installazione di antiestetiche ma efficaci macchinette sputanumeri, cui si può o meglio si deve fare ricorso per PRENDERE IL NUMERO, come recita a caratteri cubitali la scritta che campeggia sopra ciascuna di esse. Al San Paolo di Piazza San Carlo invece no, la macchinetta sputanumeri con su scritto PRENDERE IL NUMERO non l'hanno messa. Al San Paolo di Piazza San Carlo, conoscendo i torinesi, hanno escogitato qualcosa di più raffinato. Mi spiego. Dunque: i torinesi, in coda, difficilmente aprono bocca. In quanto torinesi, ritengono non lo si debba fare, visto che sia le persone davanti a loro sia le persone dietro a loro appartengono alla categoria 'estranei'. E se inopinatamente qualcuno davanti o dietro a loro apre bocca, i torinesi lo guardano con l'aria di chi pensa: «Ma che cos'ha questo/a da aprire bocca, in coda, rivolgendo la parola a degli estranei?». Preso atto dei costumi locali, al San Paolo di Piazza San Carlo devono essersi detti che forse con i torinesi in coda valeva la pena di fare un piccolo esperimento. E dopo l'ultima ristrutturazione, infatti, chi si mette in coda a uno sportello al San Paolo di Piazza San Carlo non può più vedere quanta gente c'è in coda nel frattempo agli sportelli vicini: allo scopo, tra gli spazi destinati ai torinesi in coda agli sportelli sono stati edificati spessi muri grigi, così che chi è in coda a uno sportello deve lasciare la sua coda se vuol controllare qual è la situazione-coda agli altri sportelli, con il rischio che le altre persone in coda dietro di lui si rifiutino di reintegrarlo nella vecchia coda dopo che lui l'ha abbandonata anche soltanto per pochi secondi, giusto il tempo di dare un'occhiata alle code ai lati. È evidente che in tali condizioni il torinese in coda risulta particolarmente sotto stress, più ancora di quanto non risulterebbe in una coda normale. C'è sempre la possibilità che in una delle code vicine ci sia meno gente, o addirittura che uno sportello di quelli in precedenza chiusi apra improvvisamente al pubblico, così che qualche fortunato da una quinta o sesta posizione possa saltare di botto alla prima o alla seconda. Se il torinese in coda parlasse, magari potrebbe dire al torinese che gli sta dietro: «Scusi, mi allontano un attimo per vedere com'è la situazione-coda qui a fianco». Ma il torinese in coda tace. Risultato: specie in certi periodi dell'anno, ad esempio intorno alla consegna delle dichiarazioni dei redditi, il San Paolo di

Piazza San Carlo diventa una sorta di recinto per cavallette impazzite, con tutto un saltabeccare di torinesi da una coda all'altra allo scopo di controllare qual è la coda con meno torinesi in coda, e con un reciproco scambio di reciproche occhiate reciprocamente imploranti, come a dire: «Guardi che vado solo a sincerarmi che qui a fianco ci sia meno coda, non è che sto lasciando davvero questa coda, però tenga presente che potrei lasciarla, nell'eventualità che qui a fianco ci sia meno coda». Il fatto straordinario, hanno scoperto quelli del San Paolo al San Paolo di Piazza San Carlo, è che i torinesi riescono a darsi del Lei anche scambiandosi queste occhiate.

Per restare alle code, le code più violente, almeno da un punto di vista verbale, si verificano tuttavia da sempre negli uffici postali. E a Torino, da questo punto di vista, la sede centrale delle poste in Via Arcivescovado, a pochi passi da Piazza San Carlo, è fantastica. Anche lì, dove si pagano i vaglia, si è cercato di 'incodare' i famosi 'utenti' con un percorso obbligato di corde e paletti. Ma chi si viene a trovare per primo in attesa che uno degli sportelli si liberi deve prestare una costante, feroce attenzione: perché, di nuovo, un po' come al San Paolo di Piazza San Carlo anche se meno scientificamente, da quella posizione non è possibile vedere tutti gli sportelli, cosa che è invece possibile solo a chi sta a metà della coda. Con il risultato che se per disgrazia il primo della coda si deve soffiare il naso e non vede SUBITO che uno degli sportelli al di fuori del suo angolo di visuale si è liberato, dalla metà della coda esplodono immediatamente le note urla, da sempre pure a Torino 'belluine'.

In Piazza San Carlo, il salotto della città, c'è chi si stende a terra su un sottile strato di cartone, cercando di dormire nel breve tratto di marciapiede tra una banca e un negozio di abbigliamento, o tra un bar e un'agenzia di viaggi. Prima di chiudere gli occhi e di raggomitolarsi sulla pietra, chi si stende a terra espone un cartello, sul quale è scritto in stampatello HO FAME o SONO SIEROPOSITIVO o anche solo AIUTATEMI. Quindi cerca di non pensare agli altri occhi, quelli che guardano il suo corpo accartocciato su se stesso, portati a spasso dalle tante scarpe che battono il suolo freddo, e si addormenta sperando di vedere qualche soldo sul cartello, al momento del risveglio.

In Piazza San Carlo si va per cercare un taxi quando si ha fretta. Chiamare un taxi per strada a Torino non è facile, soprattutto in certe strade sia in periferia sia in centro, e il più delle volte l'unica soluzione è possedere un telefono cellulare o avere la fortuna di trovarsi nei pressi di una delle sempre più rare cabine telefoniche, così da chiamare il 57.37 o il 57.30, numeri chiave della cabala tassistica ai piedi della Mole. I taxi torinesi, guidati da tassisti torinesi e dunque in genere restii a parlare con gli estranei, sono spesso pieni di avvisi alla clientela attaccati sul retro del sedile del passeggero anteriore. A caratteri di nuovo cubitali, testualmente recitano: PER EVITARE SPIACEVOLI DISCUSSIONI, IL CLIENTE È PREGATO DI CONCORDARE IN ANTICIPO IL TRAGITTO DA COMPIERSI DURANTE IL PERCORSO. Oppure: NON SI CAMBIANO BIGLIETTI DA CENTO EURO (che forse vuol dire che si può pagare con quelli da duecento). O anche: IL CLIENTE È PREGATO DI USARE LA PORTA ALLA SUA DESTRA PER L'USCITA. Il tassista più famoso del pianeta, dalla metà degli anni Settanta a oggi, è senza dubbio Robert De Niro in *Taxi Driver*. I Clash gli hanno dedicato una canzone nell'album *Combat Rock* (1982). Anni dopo anche Vanessa Paradis ha cantato *Joe le Taxi*. Jim Jarmusch ha riportato la categoria sul grande schermo con *Taxisti di notte*. E poi c'è il film di Alberto Sordi. Se si è fortunati, a Torino al parcheggio dei taxi in Piazza San Carlo si trova il tassista che nelle lunghe attese o nei ritagli di tempo si diverte a plasmare il filo di rame per farne rossastri animaletti. Il suo taxi pullula come uno zoo semovente di caprette, cavalli, gatti, scimmie, giraffe, serpenti. Questo permette al passeggero di commentare la bellezza degli animaletti che ornano tutto l'interno dell'abitacolo, dal cruscotto ai sedili, dai poggiatesta allo specchietto retrovisore. E una volta rotto il ghiaccio, si possono scambiare due parole lungo il percorso, anche se tra estranei. La specie dei tassisti, a Torino, si divide in due sottospecie. Quella dei tassisti con la radio e quella dei tassisti senza la radio. I primi lavorano anche con la centrale, che via radio li avverte dei clienti in attesa di un taxi qua e là per la città. I secondi no. La voce delle centraliniste insegue via radio i tassisti con la radio per tutta la durata del loro turno. E chi sceglie di lavorare senza la radio lo fa anche per arginare lo stress derivante dall'ascolto della medesima: che deve essere notevole, considerato che ogni tanto pure quelli con la radio preferiscono spegnerla. Naturalmente però, nella città già dell'auto, che con ogni probabilità per forza di cose deve anche essere quella col maggior numero di auto *pro capite*, la maggiore fonte di stress per i tassisti con o senza radio è costituita dagli automobilisti. Tra le due specie, quella dei tassisti e quella degli automobilisti, la lotta è serrata, continua, senza esclusione di colpi: soprattutto di clacson. Gli automobilisti che invadono la corsia preferenziale riservata ai tassisti a Torino non si contano, e di conseguenza il tasso di inquinamento acustico nei vari quartieri della città ne risente parecchio. Secondo i tassisti torinesi, la maggior parte dei tassisti torinesi è onesta. Una volta ho chiesto a un tassista torinese che cosa desiderasse dal futuro. Lui mi ha risposto: «Una corsa per Malpensa».

Mentre scrivo, Piazza San Carlo è un unico grande cantiere. Il monumento al centro della spianata di cubetti di porfido l'hanno inscatolato. Quanto ai cubetti di porfido, li hanno divelti, e la spianata, da cui alcuni mesi fa sono saltate fuori nuove vestigia romane, è tutta un affannarsi di operai e scavatrici, martelli pneumatici e camion. Secondo i piani della Torino che 'non sta mai ferma', sotto la vecchia Piazza San Carlo, d'ora in poi isola pedonale come da diversi lustri la non lontana Via Garibaldi, si sta costruendo un nuovo parcheggio sotterraneo. Pure in questo caso incombono le scadenze olimpioniche. Riguardo a ciò che attende Piazza San Carlo l'apprensione dei torinesi è tanta. La nuova sistemazione di luoghi come Piazza Bodoni, Piazza Madama Cristina e Piazzale Valdo Fusi, a loro volta trasformati in *trompe-l'oeil* di parcheggi sotterranei, ha deluso tanti. E chi vive poco oltre le Carceri Nuove in Piazza Adriano si mobilita, raccogliendo firme per evitare nuovi traumi. Per la verità è accaduto lo stesso anche qui in Piazza San Carlo, e pure in Piazza Vittorio, ennesimo sito del centro storico giudicato abile ed arruolato per ospitarne un altro, di parcheggio sotterraneo. In Piazza Adriano i residenti hanno paura di perdere i loro preziosi alberi, così com'è accaduto ai loro simili di Piazza Madama Cristina, dove gli alberi erano secolari. In Piazza San Carlo e Piazza Vittorio invece il timore è quello di fare la fine di Piazza Bodoni, che ormai è tutta una grata per l'aerazione del garage sottostante. Nessuno, da nessuna parte, teme tuttavia di vedersi toccare in sorte il destino di Piazzale Valdo Fusi. Lì, secoli fa, al cospetto dell'odierno Museo delle Scienze, e cioè dell'ex Ospedale San Giovanni Battista progettato da Amedeo di Castellamonte e edificato nel 1680, si teneva un mercato. Oggi... oggi no. Oggi il Piazzale Valdo Fusi è diventato una sorta di monumento, suo malgrado. Descriverlo non è possibile. Andateci, visitatelo, fotografatelo. Imparate dai nostri errori, meditate sui nostri orrori, e battetevi perché nelle vostre città non si ripeta nulla di simile. Mai.

La sala da pranzo

Cos'è che fa di una città una metropoli? In una metropoli, per cominciare, ci deve essere modo di soddisfare i propri bisogni o desideri a qualsiasi ora del giorno e della notte. A partire da quelli alimentari. Tipo: sei fuori casa e ti viene voglia di un piatto caldo alle quattro del pomeriggio. In teoria dovresti poter trovare un locale aperto dove mangiarlo, anziché trovare solo locali chiusi o sentirti rispondere che data l'ora la cucina non prende più ordinazioni. Oppure: sei in casa e ti viene voglia di cucinarti qualcosa alle quattro di notte, però hai il frigorifero vuoto. In teoria dovresti poter trovare un posto aperto dove fare la spesa. A Parigi, fino a pochi anni fa, sul Boulevard Saint-Gérmain c'era il Drugstore Publicis, strategicamente piazzato di fronte al Deux Magots e aperto 365 giorni l'anno ventiquattrore su ventiquattro. Al Drugstore Publicis trovavi di tutto, dagli alimentari ai giornali alle medicine alle sigarette ai beveraggi ai francobolli alle magliette ai giocattoli. Poi l'hanno chiuso e riaperto da un'altra parte, e al posto di quello originale adesso c'è una boutique di Armani, proprio come al posto della vecchia cara libreria Le Divan ce n'è una di Christian Dior. Ma questo è un altro discorso. A Torino un posto come il Drugstore Publicis non c'è mai stato. Magari un giorno a qualcuno verrà in mente di aprirlo. Per il momento, mangiare fuori a Torino in ore non canoniche resta impresa difficilissima. E non a caso Piero Chiambretti ha aperto la sua nuova pizzeria in Piazza Carlo Alberto pubblicizzando il fatto che il locale serve pasti caldi a qualsiasi ora del giorno. Ma la notte? Beh, la notte in centro c'è il Bar Norman in Piazza Solferino con i suoi toast. E poi ci sono i venditori di panini che parcheggiano i loro camion con annesso generatore di corrente nei pressi di mercati e locali notturni, o in Corso Unità d'Italia, dove si arriva in città dalle autostrade per il Sud e dove stazionano le prostitute, un tempo autoctone, poi nigeriane e ora soprattutto slave. E ancora, specie d'estate, gli arabi che ai Murazzi smerciano simil-kebab artigianali e bibite in lattina a pochi metri dai connazionali adolescenti spacciatori e/o parcheggiatori, che dopo una certa ora si fanno carico della nota sete di vendetta nei confronti dell'Occidente ipercapitalista ultraliberista già colonialista e imperialista e diventano un filo aggressivi, dando espressione al disagio urbano che caratterizza la vita nelle odierne metropoli: tanto che uno deve proprio essere molto 'alternativo' o di sinistra e molto *politically correct* per non provare nei loro confronti sentimenti che, passando per il 'vaffanculo', vanno in linea di massima dall'insofferenza all'odio; a meno che pur votando centrodestra non si rifornisca proprio presso di loro, s'intende. Ma se a Torino cercate un piatto caldo dopo le 23, beh, auguri. Ecco perché una città come Torino, malgrado le summenzionate espressioni di disagio urbano che caratterizzano la vita nelle odierne metropoli, alla fine non è una metropoli.

Ciò detto, da me la sala da pranzo corrisponde in linea di massima a Piazza Emanuele Filiberto, epicentro del famoso

Quadrilatero Romano. In Piazza Emanuele Filiberto, fino a dieci anni fa territorio *off-limits* perché fortemente percorso dalle medesime espressioni di disagio urbano che caratterizzano la vita nelle odierne metropoli di cui sopra, ci sono ormai più ristoranti e bar che cubetti di porfido. Tanto che chi si avventura tra i tavolini sul selciato in cerca di un posto dove sedersi, il più delle volte è talmente preso dalla disperata *mission* da non fare alcun caso alle grate che nel bel mezzo della piazza si stendono sotto i suoi piedi, e non si rende conto di camminare sulle antiche ghiacciaie della città, visibili nel sottosuolo grazie alle grate medesime. Elencare tutti i locali di Piazza Emanuele Filiberto e dintorni non è purtroppo possibile per evidenti ragioni di spazio. Diciamo che si va dal Tre Galli di Via Sant'Agostino, il primo ad aprire i battenti, agli albori della speculazione edilizia che ha portato nel giro di pochi anni alla 'riqualificazione' di questa zona della città con il conseguente aumento dei prezzi da circa 1.000 a circa 3.000 euro al metro quadro, al Free Volo del francese Rémi, personaggio di cui si dirà in seguito. Tuttavia, la quintessenza del Quadrilatero Romano la si trova in un locale specifico, di cui specificamente andiamo a trattare. Esso si chiama Pastis.

Il Pastis contiene: un bancone, una cucina, un bagno, alcuni tavolini nelle due sale all'interno del locale, numerosi altri all'esterno dotati di alberi e ombrelloni, e in più un frammento del muro di Berlino incastonato nel pavimento, nonché opere d'arte varie ed eventuali, e bariste e baristi e camerieri e cameriere e cuoche e aiuto-cuoche davvero gentilissimi. Il vecchio luogo comune dei torinesi falsi e cortesi trova al Pastis una conferma e insieme una smentita: nel senso che la cortesia qui è autentica. Tra i colori, al Pastis, prevalgono il giallo e il porpora. E la clientela è quanto mai variegata:

questo è forse l'unico posto in una città a compartimenti stagni come Torino dove si può davvero incontrare chiunque, dal punk all'assessore a Johnson Righeira al pizzaiolo al dj alla casalinga all'artista all'ex carcerato al *flâneur* all'impiegato alla. Il Pastis è un posto pulito, illuminato bene. Fa da bar ma anche da ristorante con cucina di tipo famigliare, ed è indicato per chiunque desideri bere qualcosa o mangiare qualcos'altro a prezzi onesti e in un ambiente rilassante. Il sabato, sia a pranzo sia a cena, c'è perfino il couscous alla trapanese, ovvero con la zuppa di pesce. Seduti fuori sotto gli ombrelloni del Pastis a Torino in Piazza Emanuele Filiberto sembra proprio di stare al mare. E dire che l'odore del pesce del vicino padiglione del pesce (siamo a due-passi-due dal mercato di Porta Palazzo) fin qui non arriva. Per fortuna. Il Pastis contiene inoltre, al contrario di tanti altri locali sorti in serie a Torino nella zona del Quadrilatero Romano negli ultimi anni, mesi e minuti, una vera e propria idea. Indovinate quale.

Il Quadrilatero Romano, con Piazza Emanuele Filiberto e dintorni, è anche uno dei tre poli dell'aperitivo in città, rito che si svolge a Torino oltre che qui anche in Piazza Vittorio Veneto e zone limitrofe e nel quartiere 'multietnico' di San Salvario: quello che si stende al di là di Via Nizza di fianco alla stazione presto ex di Porta Nuova. I commercianti della suddetta Via Nizza ogni tanto protestano perché da quelle parti c'è un gran viavai di 'migranti' (il termine *politically correct* che si usa a Torino come altrove in luogo dei sostantivi precedenti, 'marocchini', 'extracomunitari' o 'immigrati') che di solito per sopravvivere fanno gli spacciatori e le prostitute, mentre i bei clienti di una volta di conseguenza latitano. A ogni protesta dei commercianti di Via Nizza, le autorità cittadine corrono in Via Nizza con uno stuolo di guardie al seguito, promettendo di ristabilire *hic et nunc* la legge e l'ordine, e i 'migranti' che per sopravvivere fanno gli spacciatori e le prostitute spariscono d'incanto. Poi le autorità cittadine che naturalmente hanno un mucchio di altre cose cui badare se ne vanno, sempre accompagnate dalle guardie al seguito, e nell'arco di un paio d'ore, sempre d'incanto, Via Nizza torna a pullulare di 'migranti' che per sopravvivere ormai sapete cosa fanno, inutile usare perifrasi. Una figura 'carismatica' del quartiere di San Salvario è Don Gallo, sacerdote molto portato al dialogo che di conseguenza cerca di far dialogare torinesi vecchi e nuovi, ossia immigrati di vecchia data e 'migranti' di nuova generazione. A volte ci riesce. Altre volte no. In ogni modo, il sogno dell'amministrazione di Torino è trasformare San Salvario in un altro Quadrilatero, magari già per la vetrina delle Olimpiadi invernali: e difatti da alcuni anni c'è chi previdente investe in zona, aspettando con ansia che l'aumento dei prezzi al metro quadro allontani i 'migranti' e che con l'allontanamento dei 'migranti' i prezzi al metro quadro aumentino. Intanto qua e là vengono inaugurati nuovi locali dove darsi appuntamento per l'aperitivo, come per esempio il Damadama dalle parti di Piazza Madama Cristina, proprio come è accaduto e continua ad accadere nel Quadrilatero Romano. Ma torniamo appunto all'aperitivo inteso come rito torinese. Tempo fa, su una rete televisiva nazionale, è andato in onda un servizio sul rito dell'aperitivo. Il rito dell'aperitivo a Bolzano. Il rito dell'aperitivo a Trieste. Il rito dell'aperitivo a Milano. Il rito dell'aperitivo a Bologna. Il rito dell'aperitivo a Roma. Il rito dell'aperitivo a Napoli. Il rito dell'aperitivo a Palermo. Il rito dell'aperitivo a Lampedusa. Il rito dell'aperitivo a Tripoli. Naturalmente mancava qualsiasi accenno al rito dell'aperitivo a Torino. Una mia amica che tutte le sere schizza via dall'ufficio e corre a casa a lavarsi e cambiarsi e truccarsi e pettinarsi apposta per il rito dell'aperitivo, mi ha telefonato tutta risentita: «Ma come, il rito dell'aperitivo è nato qua da noi, a forza di Campari e Carpano e Martini & Rossi» (eccola di nuovo, la passione torinese per i primati, *N.d.A.*), «e io corro a casa tutte le sere a lavarmi e cambiarmi e truccarmi e pettinarmi apposta per, e quelli come al solito CI IGNORANO?». Sarà che Torino non sta mai ferma, le ho risposto, e fanno fatica a inquadrarla. Ma per non accorgersi delle masse di torinesi che si dedicano con ostinazione all'attività in questione bisogna proprio essere distratti. Intrufolarsi in un'enoteca e raggiungere il banco con i salumi e i formaggi o più in generale i cosiddetti stuzzichini è infatti diventato da qualche tempo a questa parte lo sport più praticato dai torinesi dopo quello che coinvolge le parti intime del toro incastonato in Piazza San Carlo di fronte al Caffè Torino. Ma se tale sport ha un tale successo, il merito è tutto di Rémi, il dolce Rémi. Che è francese, ma non è un fumetto. E che per primo ha saputo intuire le potenzialità di un posto come Torino, alla fine degli anni Ottanta.

Alla fine degli anni Ottanta, a Torino la sera scattava il coprifuoco. Chiudevano i negozi, e i torinesi si chiudevano in casa, o al limite al cinema, soprattutto il lunedì, quando a Torino andare al cinema costa meno. Le strade del centro languivano deserte. E se a qualche stravagante saltava in testa di uscire dopo cena, al massimo poteva andare in discoteca, o in birreria. Una delle prime birrerie ad aprire i battenti in centro a Torino, o forse la prima in assoluto, è stata proprio in quel decennio fatale e tragicomico che all'Italia ha regalato le tivù commerciali e quel che ne è conseguito, la Roar Roads in Via Carlo Alberto. La leggenda narra che il posto dapprima si chiamasse Rolls Royce, da cui la porta d'ingresso fabbricata sul modello del radiatore delle celebri automobili per sceicchi prodotte in Britannia: un giorno, però, a un torinese saltò in mente di portarvi un dirigente della Rolls Royce di passaggio in città, nella convinzione di fargli una gradita sorpresa; salvo che il dirigente in questione pretese e ottenne che il locale cambiasse immediatamente denominazione per evidenti ragioni di copyright. Da quell'epoca che si potrebbe definire pionieristica, ad ogni modo, di birrerie ne sono sorte a bizzeffe praticamente dappertutto. Si potrebbe anzi affermare senza tema di smentita che ad un certo punto e per un certo periodo a Torino non ci fosse praticamente più corso, via, piazza, incrocio, slargo o vicolo senza la sua birreria. Ciò ha naturalmente ingenerato una forma di noia da birreria che nel lungo periodo ha provocato la fine del periodo d'oro delle birrerie. In alcuni casi, certe birrerie torinesi hanno tentato di darsi un tono molto *Olde England*, moquettando i pavimenti e imbottendo i divani e inchiodando alle pareti quadri raffiguranti tipiche scene di caccia alla volpe o improbabili avi imparentati alla lontana con i Windsor. Va detto che l'effetto Vecchia Inghilterra sfuma non appena il ragazzo dietro il banco vi si rivolge con forte accento calabro. Comunque. La storia è questa. Alcuni anni fa, in una località marinara della Corsica, alcuni giovani francesi provenienti da Lione fecero amicizia con alcuni giovani italiani provenienti da Torino. I giovani italiani provenienti da Torino invitarono i giovani francesi a Torino. E quando i giovani francesi giunsero a Torino, rimasero di stucco: da una parte, per l'innegabile bellezza di certe sue vie e piazze; dall'altra, per l'incomprensibile assenza di locali ove si potesse mangiare e bere all'aperto approfittando proprio della suddetta bellezza delle suddette vie e delle suddette piazze, così come da tempo ormai immemorabile usa Oltralpe. Allo shock seguì la decisione di aprire un primo locale, La Bicyclette, dietro Via Garibaldi. Poi, a cominciare dalla Lutèce di Piazza Carlina, ne sono venuti altri. In testa a quei ragazzi francesi stava per l'appunto Rémi, detto anche 'il dolce Rémi', attuale proprietario del Free Volo in Piazza Emanuele Filiberto. E chi è abbastanza vecchio da ricordare la Torino ante-Rémi, sa che si trattava di una ben più mogia e trista città. Anche perché l'apertura della Bicyclette ha scatenato l'apertura o la riapertura o la ristrutturazione con tanto di novello dehor di dozzine di altri autoctoni bar e ristoranti, per cui adesso sembra di vivere in un'urbe civile come tante altre. Fermo restando che la vera civiltà si avrà, come si diceva, il giorno in cui anche a Torino sarà possibile mangiare un pasto caldo a qualsiasi ora.

Naturalmente, la progressiva quadrilaterizzazione della Torino post-Rémi ha un rovescio della medaglia. Sia detto senza falsi pudori: ha ragione un mio caro amico milanese. A Torino troppo spesso si mangia male. E il rapporto qualità-prezzo in certi posti è così scandaloso che vi dovrebbero pagare, se proprio insistete per sedervi a tavola. Le eccezioni sono talmente eccezionali che uno per la verità fatica a ricordarsele. E se se le ricorda, evita di spargere la voce: perché non c'è niente da fare, qualità e quantità solo rarissimamente vanno d'accordo. A chi scrive è capitato più volte, in passato, di patire le conseguenze di una cena al ristorante. E in locali all'apparenza insospettabili. Anche perché ristoratori non ci si dovrebbe improvvisare, così come in teoria non ci si improvvisa elettrauto, o dentisti, o panettieri, o pompieri, o chirurghi. Invece a Torino oggi come oggi se uno ha un tot di soldi da buttare spesso si dice massì, quasi quasi apro un bel localino trendy. E però in cucina non ci mette la nonna, o magari la mamma, o forse la zia, che di sicuro ci saprebbero fare, ma gente che del cuoco ha soltanto il cappello. L'improvvisazione d'altronde non è solo un segno dei tempi, ma è anche una di quelle cose che contraddistinguono da un punto di vista antropologico il popolo italiano, e dunque torinese. Trattasi in altre parole della famosa 'arte di arrangiarsi': in cui però si eccelle com'è noto soltanto a Napoli.

La camera da letto

La camera da letto, a Torino, corrisponde per definizione alle periferie dove stanno i quartieri dormitorio, a cominciare da quello delle Vallette. Vittorio Valletta, nato a Sampierdarena nel 1883 e scomparso a Le Focette di Pietrasanta nel 1967, fu prima direttore generale e amministratore delegato della Fiat, e poi, alla morte del senatore Giovanni Agnelli nel 1946 e in attesa del passaggio di consegne nelle mani dell'Avvocato, presidente dell'azienda. E quell'agglomerato di palazzoni tutti uguali, destinato a ospitare gli operai arrivati col miraggio del posto in Fiat dal Meridione nel secondo dopoguerra, secondo la leggenda metropolitana, venne intitolato a lui. Valletta aveva fama di duro, e altrettanto duro si rivelò per i nuovi arrivati il 'suo' quartiere. Nate senza servizi all'estremo margine della città, le Vallette divennero subito, malgrado le varie vie dei Mughetti e dei Glicini, sinonimo di degrado urbano e di delinquenza giovanile. Quando in seguito a Torino si trattò di costruire un nuovo carcere, infatti, non ci furono esitazioni: metterlo alle Vallette sembrava la scelta più sensata. La pessima fama delle Vallette ha da sempre impedito ai torinesi che vengono dalle Vallette di avere le stesse opportunità di tutti gli altri torinesi. Se, poniamo, a un colloquio di lavoro un candidato viene dalle Vallette, questo candidato ha di sicuro un certo numero di probabilità in meno di venire assunto rispetto a tutti gli altri candidati. A meno che con lui non ci sia un candidato che viene da Via Artom, la strada malfamata dell'altro quartiere dormitorio per eccellenza, Mirafiori: in quel caso, ad avere un certo numero di probabilità in meno sono in due. Se poi con loro c'è anche un candidato che viene dalla Falchera, ecco che si arriva a tre.

Proprio da questi tre quartieri, Vallette, Mirafiori e Falchera, proviene di solito il cosiddetto 'zarro', o 'tamarro', o 'zatamarro' o 'tarro' che dir si voglia. Lo 'zarro' a Torino ha conosciuto diverse fasi. Una prima, sul finire degli anni Settanta, lo ha visto aggirarsi per la città con i capelli rigorosamente tinti di biondo e la permanente, sulla scorta dell'acconciatura sfoggiata dai Police nei loro videoclip. Alla fase Police è seguita quella Michael Jackson, con i calzini bianchi evidenziati dai pantaloni troppo corti alla caviglia: la permanente permaneva, mentre il colore dei capelli tornava al corvino naturale. Poi è venuta la fase simil-paninara: lo 'zarro', non avendo i soldi dei 'paninari', desiderava comunque vestirsi come loro a colpi di Moncler, Best Company, Closed e Timberland. Per riuscirci, non di rado li rapinava. In anni più recenti, lo 'zarro' a Torino è passato da un abbigliamento in stile Jim Morrison fatto di pantaloni a zampa e capelli lunghi a un'uniforme da stadio composta da cranio rasato, giaccone trapuntato con cintura in vita possibilmente nero, jeans aderentissimi praticamente cuciti addosso e calzature da pugile. Da un punto di vista etologico, di solito lo 'zarro' si sposta in branco. Il branco varia a seconda dei casi dalle due alle venti unità. Capire che si tratta di un branco composto da 'zarri' è facile, specie se si sta viaggiando in autobus. Quando infatti sull'autobus sale una signorina o una ragazza o comunque un essere umano di sesso femminile, magari in minigonna, il branco di 'zarri' reagisce come un unico cane di Pavlov. E ad alta voce, in modo da farsi sentire dal resto dell'autobus e soprattutto dal soggetto femminile in questione, pronuncia in coro le parole: «MINCHIA CHE FIGA QUELLA SÌ CHE ME LA FAREI DI' UN PO' ZIOFÀ COME CAZZO TI CHIAMI?». Quale che sia la reazione del soggetto femminile, il branco di 'zarri' continua a proporsi come tale, e ad attuare questo suo particolare rituale del corteggiamento fino al capolinea. A meno che, per sua fortuna, il soggetto femminile non debba scendere a una delle fermate precedenti. Lo 'zarro', in branco, sa che in ogni caso nessuno sull'autobus farà nulla per aiutare il soggetto femminile a venir fuori dalla non gradevole situazione. Qualcuno potrebbe anzi spingersi al punto di rimproverare il soggetto femminile per aver indossato in pubblico un abbigliamento 'provocante'. Cosa che non solo a Torino ma anche altrove in Italia è da sempre un classico.

Dalle parti delle Vallette, oltre al carcere, hanno messo anche lo stadio: che in occasione dei Mondiali di calcio del 1990 poi vinti dalla Germania di Brehme, Klinsmann e Matthaus, 1-0 su rigore nella finale contro l'Argentina di Maradona, venne costruito con la pista di atletica e denominato Stadio Delle Alpi. Lo Stadio Delle Alpi è composto da una struttura esterna simile a quella di un'astronave aliena, specie quando illuminato a festa in occasione di partite in notturna, e da tutta quella serie di complementi d'arredo urbano di cui gli stadi normalmente dispongono: dalle biglietterie alle porte d'ingresso, dalla tribuna d'onore ai distinti centrali, dalla tribuna stampa agli spogliatoi, dall'infermeria ai bar interni, fino al posto di Pubblica Sicurezza e alle curve, che nel caso dell'impianto sportivo torinese sono dette a seconda dei tifosi che domenicalmente ma non solo le occupano 'Maratona' e 'Scirea', anche se la Maratona originale è quella all'interno del vecchio Stadio Comunale, in cui i granata hanno vinto lo scudetto del 1975-76 e dove torneranno a partire dal 2006. Ultimo viene il campo o terreno di gioco, anche perché esso, lontano chilometri proprio a causa della pista di atletica, pare un coriandolo verde su cui si muovono giocatori assai più piccoli di quelli del Subbuteo. Da questa angolazione, lo Stadio Delle Alpi è parente stretto del vicino Mazda Palace: nel senso che così come al Mazda Palace, costruito per i concerti, c'è una pessima acustica, al Delle Alpi, costruito per vedere le partite, c'è una pessima visibilità. Non solo in caso di nebbia. Ecco perché, malgrado la sua ancor giovane età, lo stadio è già in lista d'attesa per il lifting che tra le altre cose lo priverà della pista. Dopo le Olimpiadi, come si accennava sopra, il vecchio Comunale anch'esso ristrutturato in occasione dei Giochi diventerà lo stadio del Torino Football Club. Quanto al Delle Alpi, forse diventerà lo stadio dell'altra squadra.

A Torino, allo stadio, dal 1969 in Curva Maratona ci sono gli Ultras Granata. La specie degli Ultras Granata è una specie per sua natura guerriera. Ma anche, per così dire, materna: tanto da accogliere al suo interno la cosiddetta 'Primavera'. Proprio come la squadra di calcio del Toro. Tra gli Ultras c'è chi da anni va allo stadio senza mai vedere la partita. È il caso di chi governa la curva, ovvero di chi, megafono alla mano e maglietta granata con le maniche corte anche a gennaio quando nevica, incita i suoi fratelli di fede a intonare questo o quel coro a seconda del risultato, nonché del comportamento della squadra e della presidenza. Gli Ultras stanno nel cuore della Maratona, ovvero formano il nucleo del dodicesimo giocatore del Torino, dal 1969, e se fosse per loro il Torino sarebbe sempre e solo Toro, ovvero non si arrenderebbe MAI. Sfortunatamente, ma fortunatamente per le rotule e le caviglie degli avversari, gli Ultras non possono scendere in campo al posto dell'undici granata, e quando cercano di farlo di solito sono guai. Gli Ultras stanno bene soprattutto in Via Filadelfia, dove un tempo sorgeva lo Stadio Filadelfia, quello del Grande Torino. Né del resto potrebbe essere diversamente. Il loro attaccamento ai colori della squadra è totale. Non esiste al mondo una squadra con una storia paragonabile a quella del Toro, e loro lo sanno e ne vanno giustamente orgogliosi. Gli Ultras si autodefiniscono 'belli e cattivi' e si ritrovano oltre che allo stadio al Bar Sweet, proprio di fronte al caro vecchio Filadelfia. Il teschio è il loro simbolo. E stare in curva con gli Ultras è una figata pazzesca. Tra l'altro: se a Torino avvicinandovi allo stadio per vedere una partita notate un elicottero sopra la vostra testa, un lancio di oggetti contundenti dalla vostra destra e una carica delle forze dell'ordine alla vostra sinistra, evitate di indossare un casco da motociclista. Potrebbero scambiarvi per 'facinorosi'. Piuttosto, cercate di imitare il più realisticamente possibile chessò, ad esempio un semaforo: è difficile venire presi a sassate o a manganellate, se si è un semaforo. Evitate invece di imitare un cassonetto dell'immondizia o un'automobile. Potrebbero darvi fuoco o rigarvi la fiancata.

Sempre a proposito di periferie, di tifosi e di Toro, in Via Asiago a Torino c'è una pizzeria speciale, Il Solito Posto. Il Solito Posto, in Via Asiago, ha tutta l'apparenza di una pizzeria di quelle frequentate solo dagli abitanti del quartiere, due grandi vetrine schermate da una tenda bianca accanto a un piccolo supermercato, difficili da trovare soprattutto la sera, quando è buio, perché oltretutto il locale non dà direttamente sulla strada, o meglio, dà direttamente sulla strada, ma non è in linea con il resto degli edifici che si affacciano sulla strada, se ne sta un poco appartato in una piccola rientranza, una mini insenatura bagnata non dal mare ma dall'asfalto. Da fuori, comunque, una volta individuata, la pizzeria sembra solo una pizzeria, e va detto che il profumo che ne fuoriesce spingerebbe chiunque a concludere che in effetti di una pizzeria si tratta, né più, né meno. In realtà, al Solito Posto, con il pretesto di mangiare una pizza, si ritrovano quelli del Toro. Entrando al Solito Posto, il tifoso dell'altra squadra di solito ne esce subito. Nel senso che appena si affaccia nel locale di Via Asiago, nonostante gli splendidi effluvi provenienti dalla cucina, viene colto da un senso di vertigine e deve andarsene. Le pareti del Solito Posto, difatti, sono interamente ricoperte da fotografie di ogni formato, in bianco e nero e a colori, ritraenti ogni possibile formazione e giocatore del Torino Football Club, da Superga ai giorni nostri. Spiccano, naturalmente, gli scatti dedicati alla squadra Campione d'Italia nel 1975-76. E, in particolare, svetta su ogni altro giocatore Paolino Pulici detto Puliciclone, del quale viene persino conservata, in una teca, la maglia viola della Fiorentina indossata negli ultimi anni della carriera in Serie A. Una gigantografia del Nostro che, circondato da difensori, incorna e insacca la palla in un derby anni Settanta la dice lunga su quale sia stato per il popolo granata Il Giocatore Del Toro *tout court*. Un'altra fotografia ritrae Pupi-Gol nel momento esatto in cui, buttandosi in tuffo tra i difensori del Cesena, con una rete da antologia siglò lo scudetto. Dimenticavo: al Solito Posto si mangia anche una tra le migliori pizze al mattone della città.

E poi, in periferia, nei pressi dei quartieri dormitorio, anche a Torino ci sono i centri commerciali. E tra di essi il più grande d'Italia, Le Gru: come potete intuire a questo punto, enne-

simo motivo d'orgoglio per i torinesi amanti dei primati. Come sappiamo, i centri commerciali non sono altro che l'equivalente contemporaneo della Basilica di San Pietro, dei menhir e delle Piramidi. Dovunque vi sia uno spazio libero, in città come in campagna, oggi sorge un nuovo centro commerciale. E un bel giorno, agli occhi degli archeologi del futuro, i centri commerciali saranno la testimonianza tangibile del grado di sviluppo raggiunto dalla nostra civiltà. Par di sentirli: «Però! Portavano ciabatte pelose a forma di gatto... che strano...».
Ciò che più sorprende, riguardo ai centri commerciali, è la loro capacità d'attrazione nei confronti di soggetti che in realtà non vi si recano per acquistare qualcosa, come di dovere nei centri commerciali. E non sto parlando dei pensionati, che nei centri commerciali ci andavano già per conto loro qualsiasi tempo facesse e poi però come si sa soprattutto in caso di afa per via delle relative disposizioni ministeriali. No: il fenomeno, a prima vista sbalorditivo, riguarda in particolare i nati dal 1990 in poi, e cioè i cosiddetti 'teenager'. Che a partire dagli undici, dodici anni circa, cominciano a uscire di casa il sabato pomeriggio con i coetanei e senza i genitori. In teoria, dunque, in totale libertà. I precoci pargoli avrebbero spalancata di fronte a loro ogni sorta di possibilità, per ciò che concerne il modo migliore in cui trascorrere in compagnia degli amici il sabato pomeriggio. Ma di loro spontanea volontà si danno appuntamento tra le luci al neon e gli scaffali colorati dei centri commerciali. Niente più passeggiate in centro né partite a pallone in cortile. E nemmeno scorrerie in motorino. Del resto: scomparsa delle ideologie e crisi degli oratori hanno avuto inizio proprio durante gli anni Ottanta, un decennio che di recente è stato oggetto di *revival* e rivalutazione da parte dei ventenni di allora più o meno in quanto «periodo d'oro della new wave, dei Pet Shop Boys e dei Duran Duran». Che dire?

«Wow!». È proprio negli anni Ottanta, insieme con la *Weltanschauung* di *Dallas* e di *Dinasty*, che in Italia sono arrivati i primi centri commerciali. Naturalmente, giudicare male i precoci pargoli che ogni settimana non vedono l'ora di trascorrere il sabato pomeriggio vagando tra le merci sarebbe ingiusto. Anche perché non sono stati loro a far sì che i centri commerciali diventassero i soli punti di ritrovo e aggregazione disponibili nelle nostre città. A ciò hanno provveduto altri, gente che in gioventù praticava sia le ideologie sia gli oratori. Per cui, se il risultato della frequentazione di ideologie e oratori è il presente in cui ci ritroviamo, chissà che alla fine non sia più formativa un'adolescenza passata nei centri commerciali. Comunque: a Torino, il centro commerciale Le Gru somiglia per forza di cose a tutti gli altri centri commerciali del pianeta. E in questo senso, solcato com'è da esseri umani che un tempo avrebbero camminato per le vie del loro quartiere invece che nell'uniforme confusione di luci e di colori e di annunci per le mega offerte della settimana e di canzoncine in sottofondo, è notoriamente un non-luogo.

E già che ci siamo: rilevando nel suo *Contro l'americanismo* come la colonizzazione 'sottile' dell'era a stelle e strisce si fondi sull'osmosi, sull'assimilazione totale, il politologo Marco Tarchi sottolinea come l'unificazione dell'impero dell'immaginario abbia raggiunto «un tale grado di perfezione che i suoi messaggi non necessitano più di alcun adeguamento o manipolazione per raggiungere i destinatari». Il tutto attraverso la diffusione a livello planetario di *serial* e *format* televisivi made in USA, naturalmente, ma anche tramite quelle operazioni urbanistiche che hanno visto nel corso degli ultimi decenni il progressivo svuotamento dei centri cittadini: con interventi che hanno sostituito «i tradizionali luoghi di aggregazione, come le piazze, con le più funzionali arterie di scorrimento», o con quella babele di negozi e uffici che di fatto ha spopolato il cuore di Milano, creando «una società di individui atomizzati, privati di ogni senso di solidarietà che non sia quello delle convergenze occasionali attorno ad emozioni sollevate da gravi fatti di cronaca». La mutazione in corso non è solo culturale ma anche antropologica, insomma: si pensi appunto ai centri commerciali e alle città-*outlet* sorte negli spazi vuoti tra le periferie a beneficio dei consumatori, dove trionfa la finzione modello Las Vegas, il non-luogo per eccellenza. Finzione che tende alla cancellazione della memoria e del senso del tempo come pure le applicazioni della tecnologia avanzata, nel quadro di quel «sistematico sradicamento delle identità collettive funzionale agli obiettivi di una modernizzazione capitalistica sempre più spinta».

E poi, a un tratto, dalle periferie di Torino sono saltati fuori i 'nanetti rumeni'. Gli unici 'nanetti' di mia conoscenza, fino a qualche tempo fa, erano quelli cosiddetti 'da giardino'. In città non se ne vedono moltissimi, ma basta farsi un giro per le vicine Valli di Lanzo: lì i 'nanetti' non mancano. In alcuni paesi europei c'è chi li rapisce per poi liberarli nei boschi o in aperta campagna. Pare che i 'nanetti' apprezzino molto. In seguito però ho scoperto che a Torino c'è chi chiama 'nanetti rumeni' i bambini rumeni dediti al borseggio alle fermate dell'ATM. Che però 'nanetti' non sono. Basta guardarli con un minimo di attenzione. Non hanno né barba né cappello a punta. Inoltre, non se ne vanno in giro con pala e piccone a squadre di sette fischiettando il noto motivetto disneyano. Sono bambini di strada, e se potessero scegliere non se ne starebbero in strada a fare quello che fanno. L'anno scorso, in una vecchia fabbrica, è stato scoperto il rifugio di alcuni di loro, e le foto pubblicate dai giornali in quell'occasione parlavano chiaro: niente camerette IKEA da quelle parti, e meno che mai vestitini firmati o Playstation o mamme e papà da spot del Mulino Bianco. A Bucarest, in Romania, innumerevoli loro coetanei rimasti senza famiglia vivono sottoterra, nelle fogne. Per mangiare rubano. Per scaldarsi dormono attaccati alle tubature. Per dimenticarsi almeno per un po' della vita che fanno sniffano colla. La polizia dà loro la caccia. Ogni tanto finiscono in riformatorio. Dopo di che tornano nelle fogne. Per la cronaca, c'è chi si è preso la briga di togliere i bambini dalle fogne e di insegnare loro un mestiere, trasformandoli in clown: è Miloud Oukili, clown francese che nella capitale rumena ha messo su la Fondazione Parada. I giovani clown rumeni hanno fatto il giro dell'Europa, e sono passati anche da Torino. I torinesi che li hanno visti, hanno potuto constatare come in effetti non si trattasse di 'nanetti rumeni'. Erano, sono, bambini. Al massimo, si vestono da clown. A Torino non di rado i 'nanetti rumeni' sopravvivono tra i rifiuti in ex strutture industriali abbandonate e periferiche, o in altrettanto periferiche baraccopoli lungo il corso del fiume Dora. Da altre ex strutture industriali e baraccopoli saltano fuori ogni tanto altri dannati della terra. Le forze dell'ordine li sgomberano, i giornali ne scrivono, i torinesi che leggono i giornali se ne accorgono, e i dannati della terra si spostano in cerca di altre ex strutture industriali e altre baraccopoli, salvo venire rinchiusi nel famigerato centro di accoglienza di Corso Brunelleschi in attesa di provvedimenti giudiziari e di rimpatrio. Dal punto di vista dei rimandi più o meno culturali, vengono in mente certi film di Zavattini o De Sica, e certi fumetti di Bilal, oltre che naturalmente *Blade Runner*. A Torino, tra i resti della civiltà industriale, si aggirano resti di umanità.

Lo studio

Lo studio, per me, corrisponde alla sede delle cosiddette facoltà umanistiche dell'Università di Torino, fondata nel 1404 e scelta da Erasmo da Rotterdam per studiarvi nel 1506, cosa che diede il via con largo anticipo rispetto alle direttive della Comunità Europea al progetto Erasmus. L'autore dell'*Elogio della follia* però frequentò la sede primigenia dell'ateneo torinese, e la lapide che ricorda il più noto tra gli universitari torinesi sta in Via Verdi, dove tra il 1713 e il 1720, su progetto dell'architetto Michelangelo Garove, venne edificato il palazzo in cui fino agli anni Sessanta hanno studiato gli iscritti a Lettere e Filosofia. Poi è arrivato Palazzo Nuovo.

Palazzo Nuovo non è noto per la sua allegria. Sfido gli iscritti a qualsiasi altra facoltà, non solo torinese ma italiana, europea, mondiale, interplanetaria, a trovare una sede universitaria più deprimente di Palazzo Nuovo. Grigio monumento al grigio, timido abbozzo di campus subalpino, tragico compromesso tra una palazzina direzionale e un casermone da edilizia popolare in stile Zen palermitano, Palazzo Nuovo è, in quanto cosa in sé e allo stesso tempo anche come fenomeno, abbandonando la tradizionale opposizione kantiana e rifacendosi alle tesi di Hegel e di Husserl, nelle quali la 'cosa' finisce per identificarsi in toto con il suo manifestarsi o rendersi fenomeno, ma lasciando perdere in questa sede le differenze riguardanti la cosa fenomenologica esperita per Hegel e per Husserl, perché non ho idea di che cosa sto scrivendo, Palazzo Nuovo è, si sappia, la causa principale se non unica dell'abbandono del corso di studi universitari in Lettere, Filosofia, Lingue, Giurisprudenza, Scienze Politiche o Scienze dell'Educazione. Basterebbe fare una qualche rilevazione statistica, e si scoprirebbe che chi lascia a metà, o anche prima, l'Università non lo fa perché è uno studente lavoratore al quale certi professori rendono impraticabile il proseguimento degli studi, ad esempio facendo saltare senza preavviso gli appelli degli esami, o sempre senza preavviso evitando di presentarsi nel proprio ufficio all'ora e alla data indicata dall'orario di ricevimento affisso nell'atrio della Presidenza o nelle bacheche dei singoli istituti, o magari discriminando palesemente in sede di esame chi non ha potuto frequentare le lezioni e perciò ha mancato di mettersi in bella mostra tra i banchi delle prime file di fronte alla cattedra, o ancora evitando di restituire alla scadenza prevista testi d'esame presi in prestito nelle biblioteche, senza i quali lo studente non può materialmente fare quel che dovrebbe, cioè studiare, ma a causa del luogo in cui si va a lezione e si sostengono le prove scritte oppure orali. Palazzo Nuovo ingenera nei suoi abitanti, anche se vi risiedono per poche ore al giorno e tutto sommato saltuariamente nel corso dell'anno, una sorta di pessimismo cosmico e di rassegnato fatalismo, per cui quando due iscritti alla stessa facoltà si incontrano finiscono inevitabilmente per scoraggiarsi a vicenda, raccontandosi ogni sorta di leggende, com'è ovvio nefaste, a proposito di qualsiasi argomento inerente il loro corso di studi. Se uno dice all'altro di avere infine deciso di laurearsi in una data disciplina con un dato professore, l'altro subito lo informa di aver sentito per certo da un terzo che proprio quel professore è il peggiore in assoluto con cui laurearsi, completando tale sintetica ma chiarissima affermazione con una serie di argomentazioni verosimili e circostanziate, del tipo: «Guarda che quello, mentre tu scrivi la tua tesi, continua ad assicurarti capitolo dopo capitolo che tutto va per il meglio, salvo poi dirti, quando l'hai finita, che fa schifo ed è completamente da rifare». Lo stesso vale per ogni singolo esame e/o seminario, per non parlare del terrorismo psicologico che si scatena invariabilmente a proposito degli assistenti, ovvero i portaborse, non sempre ma quasi, dei professori, bramosi di scaricare le proprie frustrazioni (portare le borse non è granché) sugli studenti.

Per non parlare degli ascensori. Sia che uno tenti di prendere un ascensore per salire ai piani alti di Scienze dell'Educazione o di Lettere e Filosofia o di Lingue o di Giurisprudenza o di Scienze Politiche, sia che uno tenti di prendere un ascensore per scendere dai piani alti di Scienze dell'Educazione o di Lettere e Filosofia o di Lingue o di Giurisprudenza o di Scienze Politiche, l'esperienza a Palazzo Nuovo non può che rivelarsi frustrante. Innanzitutto perché può succedere che, una volta chiamato, l'ascensore non arrivi MAI, ma proprio MAI: e c'è chi a causa di questo non si è laureato, perché non è obiettivamente facile laurearsi, se ci si intestardisce ad aspettare l'ascensore per anni. Poi perché può succedere che, una volta chiamato, l'ascensore arrivi, e però vi porti dappertutto tranne che al piano a cui volevate recarvi: e c'è chi a causa di questo non si è laureato, perché provateci voi a laurearvi, se un ascensore vi porta da un piano all'altro tranne che a quello a cui volevate arrivare per anni. Poi perché può succedere che, una volta chiamato, l'ascensore arrivi, e però sia PIENO, ma proprio PIENO, e continui a esserlo ogni volta che le sue porte si aprono: e c'è chi a causa di questo non si è laureato, perché è praticamente impossibile laurearsi se non si riesce a consegnare la tesi al proprio professore aspettando inutilmente che l'ascensore si svuoti per anni. L'interno degli ascensori di Palazzo Nuovo, a detta dei pochi fortunati che sono riusciti a prenderli e a venirne fuori, è poi sommamente angusto, oltre che grigio come il resto dell'edificio, e capace di regalarvi esperienze tra le più claustrofobiche nel novero di quelle esperibili su questa terra, persino nel caso soffriate di agorafobia. Fulgida eccezione, per ciò che riguarda gli ascensori di Palazzo Nuovo, è costituita secondo le leggende metropolitane che circolano tra gli studenti dagli ascensori dei professori. Ad essi si accede solo ed esclusivamente se dotati di chiave professorale, il gadget più ambito dai ricercatori. Gli ascensori dei professori, a Palazzo Nuovo, sono stati progettati di modo che le loro porte si aprano giusto quel tanto che è necessario a farvi entrare il professore; ed è abbastanza impressionante vedere come sappiano regolarsi autonomamente a seconda della stazza del professore. Questo accorgimento fa sì che da fuori gli studenti non riescano assolutamente mai a vedere come sono fatti gli interni degli ascensori dei professori, le cui porte si aprono rapidissime per far entrare i professori e ancora più rapide immediatamente si richiudono alle loro spalle. Tale meccanismo di potere cela, va da sé, ascensori dagli interni spaziosissimi e assai particolari. Dentro di essi, i professori viaggiano con l'ausilio di ogni comfort. Giovani laureande e laureandi, rigorosamente in tanga, servono loro baronali drink, reggendo al contempo le solite borse cariche di sapienza dei signori e padroni di Palazzo Nuovo. Questi, tra un baronale drink e l'altro, si rimirano nelle enormi pareti rivestite di specchi, e godono della propria immagine riflessa più che dei baronali drink e dei giovani laureandi in tanga. Il pavimento, soffice e rivestito di candida moquette, freme ai loro piedi, felice di essere da essi calpestato. Ed essi, magnanimi come si conviene a dei veri signori e padroni, augustamente lo calpestano. Ciò spiega l'apparente contraddizione tra il fatto che innumerevoli professori risultino irrintracciabili durante i loro orari di ricevimento (quando non a lezione) e l'affermazione tipicamente professorale «non ho un momento di respiro, sono sempre a Palazzo Nuovo». Sappiatelo, dunque, studenti che eventualmente state leggendo codeste righe, sappiate almeno questo visto che già non sapete molto altro: i professori, a Palazzo Nuovo, ci sono davvero, anche quando li cercate e non si trovano. Se ne stanno a rimirarsi negli specchi degli ascensori.

Il parto in assoluto più interessante di Palazzo Nuovo è stato e continua ad essere, per la città di Torino, il Torino Film Festival. In principio era il Cinema Giovani, manifestazione nata nel 1982 grazie all'entusiasmo cinefilo del professor Gianni Rondolino e di alcuni suoi studenti. Poi il Cinema Giovani è cresciuto, e sotto la direzione di Alberto Barbera e Stefano Della Casa è diventato per l'appunto il Torino Film Festival: in Italia, il secondo festival del cinema dopo Venezia. Così, molti di quelli che hanno avuto la fortuna di assistere alla nascita della manifestazione raccontano dei tempi pionieristici e già epici in cui le giornate a base di corti girati dai loro colleghi di Università (assidui frequentatori dell'Aula 36, famosa a causa dei vetri oscurati così da permettere le proiezioni delle pellicole del corso di Cinema) costituivano il vero e proprio epicentro di quella settimana a base di millimetri, con una schiacciante superiorità dei sedici sui trentacinque. Tra le edizioni memorabili, si ricorda quella in cui al Cinema Romano si tentò di proiettare *Sid & Nancy*, il film di Alex Cox sul bassista dei Sex Pistols Sid Vicious, benissimo interpretato dal bel tenebroso Gary Oldman. Dopo pochi minuti, alcuni ragazzi presero possesso del palco e interruppero la visione, urlando che le cose in realtà non erano andate a 'quel modo'. Quale fosse, 'quel modo', non si poté sapere, dato che le luci in sala non si spensero più: e dire che alla realizzazione del lungometraggio avevano collaborato, sia in veste di consulenti del regista, sia per la colonna sonora, alcuni vecchi e si presume attendibili compagni d'avventura del musicista e martire del punk, a cominciare da Paul Cook e Steve Jones. Il Torino Film Festival ha scoperto in anticipo registi come Jane Campion, e per tradizione si è sempre tenuto nelle sale del centro. Come dicevamo in precedenza, dopo una breve parentesi al Lingotto, dal 2004 si è tornati all'antico, con le proiezioni sparse generosamente nei cinema del centro dai nuovi direttori Giulia d'Agnolo Vallan e Roberto Turigliatto. Evviva.

Il cinema, è noto, nasce in Francia grazie ai fratelli Lumière nel 1896. Poi valica le Alpi, e si ferma a Torino. Dove, ai primi del Novecento, nasce l'industria cinematografica italiana. Le prime case di produzione si chiamano Ambrosio Film, Itala Film, Gloria e Aquila. In città sorgono laboratori e teatri di posa, e nel 1914 viene prodotto *Cabiria*, il primo kolossal, girato da Giovanni Pastrone con la collaborazione per le didascalie di Gabriele D'Annunzio. Il cinema, potente strumento di propaganda, traslocherà a Roma nell'Era Fascista con la fondazione di Cinecittà. Oggi, oltre al Torino Film Festival, la città ospita tra gli altri il Festival Internazionale Cinema delle

Donne, il Festival Internazionale Cinemambiente, il Festival Internazionale di Film a Tematiche Omosessuali, il Sottodiciotto Film Festival, l'Anteprima Spazio Torino, il Festival del Cinema Trash e il Tohorror Film Festival. A Torino ha sede la Film Commission, nata allo scopo di attirare in Piemonte troupe cinematografiche e televisive. E se il cinema a Torino vi interessa particolarmente e volete saperne di più, date un'occhiata al sito www.torinocittadelcinema.it. Fermo restando che parlando di cinema, a Torino, non si può non parlare del nuovo Museo Nazionale del Cinema: ossia del simbolo della città, la Mole Antonelliana.

La Mole Antonelliana è, con la vicina Fetta di Polenta, casa che i torinesi chiamano così perché edificata per scommessa proprio a forma di fetta di polenta su un triangolo di terreno in Corso San Maurizio, la maggiore follia di Alessandro Antonelli, architetto sublime e geniale, al contrario di innumerevoli suoi successori che in un modo o nell'altro hanno deturpato pezzi di città. La storia del singolare edificio è questa: un bel giorno la comunità israelitica di Torino commissiona all'Antonelli una nuova sinagoga. L'Antonelli la progetta, e nel 1863 cominciano i lavori. Sei anni più tardi però la comunità israelitica decide che il tempio è troppo costoso, e vi rinuncia. Il cantiere resta fermo per dieci anni. Poi, per fortuna, il Comune rileva il tutto, e tra il 1878 e il 1897 la Mole viene completata. Con i suoi 167,5 metri di altezza diventa la più alta opera in muratura d'Europa: altro record che inorgoglisce i torinesi amanti dei primati. Da quel momento, tuttavia, diventa un Luogo Eventuale: non si sa che farne. La Mole, per Torino che in fin dei conti è Torino e non è New York, è troppo 'avanti'. Anticipa i grattacieli del XX secolo, e mischia stili apparentemente inconciliabili, dal neoclassico al neogotico passando per il corinzio; stupefacente, tra l'altro, la tecnica concepita dall'Antonelli per costruirla, detta non a caso antonelliana: un mix di fulcri e tiranti metallici, in grado di scaricare le spinte strutturali malgrado l'utilizzo di murature piuttosto sottili. Sia come sia, da qualche anno a questa parte finalmente la Mole Antonelliana contiene qualcosa. Il Museo Nazionale del Cinema, appunto. Venuto alla luce dopo un lungo travaglio, sulle prime il museo ha lasciato i torinesi esterrefatti. Non è possibile, ci si diceva per strada, col tipico *understatement*, non è da Torino; normalmente ci si imbatte ALTROVE, in strutture simili. E invece. Non a caso, forse, la trasformazione della Mole Antonelliana da Luogo Eventuale a Museo Nazionale del Cinema è avvenuta in base al progetto di un architetto svizzero, monsieur François Confino. E gli svizzeri con i musei ci sanno fare, basta farsi un giro a Basilea per rendersene conto. Così, il nuovo Museo Nazionale del Cinema di Torino è un'autentica ghiottoneria, con le sue lanterne magiche, i suoi fenachistiscopi, i suoi zootropi, le sue anamorfosi catottriche, i suoi dagherrotipi, le sue macchinette cronofotografiche, i suoi manifesti, le sue fotografie, i suoi spezzoni di pellicole che hanno fatto la storia del cinema. Ma il tutto non parrebbe altrettanto gustoso se ogni cosa non fosse sistemata in modo da coinvolgere il visitatore in una sorta di gioco, il gioco del Cinema, concepito in modo da far sì che uno non fa quasi in tempo a entrare che già ritorna bambino e si lascia irretire dalle ombre cinesi e dalla camera oscura, dagli scherzi ottici e dalle manovelle degli aggeggi di cui sopra, girando vorticosamente le quali è possibile assistere con la stessa meraviglia di duecento anni fa ai primi 'film', che però nessuno si sognava ancora di definire tali. Il Museo Nazionale del Cinema naturalmente ha un suo cinema: il vicino Cinema Massimo, in Via Verdi. Recentemente ristrutturata, questa multisala ospita rassegne di film d'autore grazie alle quali i torinesi hanno il privilegio di poter vedere sul grande schermo pellicole che altrove si vedono solo in tivù, o su dvd.

Il Museo Nazionale del Cinema, con la sua magnifica sala centrale cosparsa di comodissime *chaise longue* dalle cuffie incorporate e il suo straordinario ascensore che conduce sparati nel vuoto dritti in cima alla Mole, da cui si gode una vista impagabile sulla città, sulla collina e sulle Alpi, va in questo modo ad aggiungersi all'altra vera gloria cittadina in fatto di musei, e cioè al Museo Egizio. Se chiedete a un torinese del Museo Egizio, il torinese per prima cosa vi comunica: «È il più importante al mondo, dopo quello del Cairo». Torino deve le sue mummie a Bernardino Drovetti, piemontese e console generale di Francia all'epoca dell'occupazione dell'Egitto da parte delle truppe napoleoniche. Drovetti era un collezionista di reperti archeologici, e nel giro di qualche anno accumulò ottomila pezzi. Nel 1824 il re Carlo Felice comprò la collezione, e integrandola con le egizie antichità in possesso dei Savoia creò il primo Museo Egizio del mondo: altro record di cui si vantano i torinesi amanti dei primati. Alla fine del XIX secolo, il direttore del museo, Ernesto Schiaparelli, si recò di persona a scavare in Egitto. E negli anni Trenta del secolo successivo la collezione raggiunse gli oltre 30.000 pezzi. Elencare qui i tesori custoditi nell'edificio di Via Accademia delle Scienze, che ospita anche la Galleria Sabauda e che venne progettato da Guarino Guarini a partire dal 1679 per poi essere portato a termine da Michelangelo Garove, edificio in cui un tempo i gesuiti formavano i rampolli della classe dirigente di Torino, non è possibile. Le mummie, e alcuni corpi liberati dalle bende, sono abbastanza impressionanti.

In città si parla da tempo immemorabile dei sotterranei del palazzo, che farebbero parte dei luoghi della famosa Torino 'magica'. Di recente, il Museo Egizio è stato affidato ad Alain Elkann: per essere il secondo museo al mondo dopo quello del Cairo, l'Egizio di Torino era un po' troppo polveroso. E per il prossimo futuro, l'intenzione è quella di spolverarlo e rilanciarlo.

E poi naturalmente c'è il Museo d'Arte Contemporanea al Castello di Rivoli: che però, lo dice il nome stesso, sta non a Torino ma oltre la fine di Corso Francia, e cioè a Rivoli. È qui che i torinesi che amano l'arte contemporanea si sentono davvero in Europa: perché il Castello di Rivoli, inaugurato nel 1984, è forse il solo museo italiano capace di stare al passo con i grandi musei internazionali. Al Castello di Rivoli hanno esposto Helmut Newton e Nan Goldin, Wolfgang Tillmans e Vanessa Beecroft. E la collezione permanente spazia dai protagonisti dell'arte povera, come Mario Merz e Giulio Paolini, a quel genio della manipolazione mediatica che è Maurizio Cattelan. A Torino città invece c'è la GAM, o Galleria Civica d'Arte Moderna. Le opere di Burri, Fontana, Casorati, Moranti e Sironi potrete ammirarle qui, in Via Magenta angolo Corso Galileo Ferraris. La Fondazione Sandretto Re Rebaudengo, nata nel 1995, ha inaugurato nel 2002 il suo spazio dietro Corso Lione, nel quartiere San Paolo, e per l'occasione ha messo in mostra gli abitanti di quel quartiere periferico, immortalati in una serie di scatti. Progettata dagli architetti Silvestrin e Hardwick, è attenta al lavoro di artisti giovani, non ancora consacrati, e ospita anche festival di musica elettronica con dj notevolissimi, per esempio il tedesco Isolé: ma di musica si parlerà più avanti. Alle 'vernici' della Fondazione SRR, così come a quelle che si tengono nelle gallerie intorno a Via della Rocca, trovate la Torino che non ha mai lavorato in Fiat al reparto verniciatura. Un museo particolare, che al momento non esiste più, era il Museo del Grande Torino: demolito dalle ruspe insieme con il Campo Filadelfia alcuni anni orsono, e in attesa di degna sistemazione. Poi ci sono il Museo del Risorgimento e di Pietro Micca e della Montagna e dell'Artiglieria e della Sindone, che sta proprio dietro casa mia ma non l'ho mai visitato.

Torino è una città molto attenta all'arte contemporanea. Ci sono gallerie famose, come Persano in Piazza Vittorio Veneto, che da sempre investono sui nuovi artisti, come di recente nel caso di Paolo Grassino. E c'è una galleria assai *sui generis*, la Adelinquere in Via Barbaroux, che apre solo ogni tanto per promuovere talenti sconosciuti al grande pubblico ma assai interessanti, vedi Claudio Cassano. Caso più unico che raro, la Adelinquere espone del tutto gratuitamente, nel senso che non percepisce una percentuale sulle opere vendute. C'è poi per ciò che riguarda l'arte contemporanea un vero e proprio investimento dell'amministrazione cittadina, che parallelamente al radicale rinnovamento urbano di determinati quartieri (con quella che si potrebbe definire l'operazione Un Condominio Per Ogni Torinese) ha pure deciso di commissionare a una serie di artisti di fama internazionale svariati lavori. Si tratta del progetto Arte Pubblica a Torino, che sul percorso del cosiddetto 'passante ferroviario', da Corso Bramante a Corso Vittorio Emanuele II, prevede l'installazione di undici opere. La Fontana Igloo di Mario Merz è stata la prima ad essere inaugurata nel dicembre 2002, proprio nel punto in cui Corso Mediterraneo si biforca in Corso Lione e Corso De Nicola: e, come si accennava in precedenza, immediatamente ai giornali sono arrivate le lettere di protesta da parte dei residenti, perché tantissimi torinesi sono fatti così, a loro le novità non piacciono.

Ma torniamo in Via Verdi. In Via Verdi, a pochi passi dalla Mole Antonelliana, c'è la sede torinese della Rai: che tra parentesi, è bene ricordarlo, è nata proprio a Torino, ennesimo motivo di soddisfazione per i torinesi amanti dei primati. Alla Rai di Torino hanno lavorato, oltre a Bruno Gambarotta, anche Umberto Eco e Gianni Vattimo, Topo Gigio e Licia Colò. Da come butta, invece, pare che ci si lavorerà sempre meno. Il che è obiettivamente un peccato, oltre che per così dire un insulto alla bontà dei mezzi e dei tecnici a disposizione. I notiziari della sede Rai di Torino sono indicati per i telespettatori immigrati in città da ogni parte del mondo, nel caso desiderino seguire corsi gratuiti ma sistematici di dizione piemontese: basta sintonizzare il televisore di casa su Rai 3 intorno alle 14 o alle 19, quando ai microfoni del tiggì regionale opera tra gli altri il mitico Renato Girello. All'altro capo di Via Verdi, dove questa fa angolo con Piazza Castello, c'è il Teatro Regio, edificato tra il 1738 e il 1740 da Benedetto Alfieri, distrutto da un incendio nel 1936 e ricostruito nel dopoguerra per venire nuovamente inaugurato nel 1973 secondo il progetto di Carlo Mollino, cui è intitolata l'adiacente piazzetta. Il Teatro Regio è stato il primo teatro wagneriano d'Italia, e il suo palco è secondo in Europa solo a quello dell'Opéra Bastille di Parigi. Il *foyer* di Mollino, molto anni Settanta sia nelle forme sia nei materiali, è davvero splendido. Nell'atrio del Teatro Regio, fin dalla metà degli anni Ottanta, si danno appuntamento i *b-boys* torinesi, e cioè i seguaci dell'hip-hop. Praticando la breakdance nell'atrio del Teatro Regio con i loro *ghetto-blaster* sprigionanti rap allo stesso modo dei loro colleghi francesi a Parigi a Les Halles o al Trocadero, i *b-boys* rendono a modo loro un po' più europea la città. Un tempo a quest'altezza di Via Verdi ovvero nell'atrio del Regio si davano appuntamento anche gli *skaters*. Per anni il rumore delle tavole da skateboard che TLACK ricadono sul marmo ha fatto parte del panorama acustico a quest'altezza di Via Verdi: dove ogni TLACK corrispondeva in genere alla conclusione di una qualche evoluzione. In passato i TLACK si succedevano l'uno dopo l'altro, a raffica, TLACK TLACK TLACK TLACK TLACK, era tutto un incrociarsi e sovrapporsi di TLACK, e lo spazio pietrificato nella sua austera monumentalità del Teatro Regio ne traeva senza dubbio grande vantaggio, se non altro dal punto di vista della vivacità, anche perché di solito chi pratica lo skateboard veste tutto sommato con colori più sgargianti rispetto all'abituale pubblico della lirica, irrigidito in impeccabili smoking o imbalsamato dentro voluminose pellicce. Di nuovo, anche grazie agli *skaters* transitare per quel tratto di Via Verdi arrivando da Piazza Castello significava in qualche modo sentirsi a spasso per una città davvero europea, senza contare che, volendo, ci si poteva fermare ad ammirare le spericolate acrobazie su tavola a rotelle, inframmezzate da quelle hip-hop a base di gambe e braccia che volteggiavano nell'aria appoggiandosi a crani che girando su se stessi sembravano destinati ad avvitarsi nel marmo. Poi, per impedire l'accesso agli *skaters*, l'atrio del Teatro Regio è stato chiuso da una cancellata di Umberto Mastroianni. E ora gli *skaters* si trovano sempre in Piazza Castello lato Via Verdi, ma praticano il loro sport filosofico sulle pendici marmoree del monumento al Duca d'Aosta tra le lettere di protesta ai giornali da parte dei torinesi che considerano le loro evoluzioni un insulto ai caduti nella Grande Guerra. Anche se poi come si sa l'insulto peggiore ai caduti della Grande Guerra è a detta di molti opera del Generale

Cadorna, comandante in capo a Caporetto, capace di premiare con una medaglia un ufficiale che aveva ordinato una decimazione.

Sempre in Via Verdi, dalle parti di quella che in teoria dovrebbe diventare o sta diventando o è già diventata o diventerà la cosiddetta 'Cittadella universitaria' di Torino, hanno sede un distaccamento dell'Esercito e un Commissariato di Polizia, alcune segreterie universitarie con annessa biblioteca e un paio di ristoranti. L'albero al centro del cortile del collegio universitario adiacente al commissariato è molto bello e vale senz'altro una visita. Ma proprio a metà della strada rivestita da cubetti di porfido che corre parallela a Via Po, c'è una cosa speciale, la Cavallerizza. La Cavallerizza è composta da un grande cortile principale, due o tre cortili secondari, una viuzza che sembra uscita dal libro *Cuore* e che infatti è finita nel film tratto dal libro *Cuore*, tre grossi spazi dove ora si tengono mostre di vario genere ma in cui un tempo si tenevano cavalli di varie razze di proprietà dei Savoia, uno spazio circolare sormontato da sculture rappresentanti teste di cavallo dove un tempo i cavalli venivano addestrati, una toilette, un paio di gabbiotti di latta all'ingresso che francamente stonano non poco col resto della struttura, una sbarra bianca e rossa per impedire l'accesso alle auto in cerca di parcheggio nelle adiacenti vie Po e Bogino e Principe Amedeo e Maria Vittoria, qualche alberello nei cortili cosiddetti secondari e un tot di fili per il bucato con i panni stesi ad asciugare appartenenti ai dipendenti pubblici che alla Cavallerizza risiedono, e che a dire il vero non stonano affatto. La Cavallerizza a Torino sta alla voce 'archeologia urbana ma non industriale', ma anche a quella 'non abbiamo ancora capito bene che farcene ma intanto ci mettiamo la mostra sul fumetto di fantascienza piuttosto che la Biennale dei Giovani Artisti piuttosto che lo studio per le riprese di una trasmissione Rai poco fortunata piuttosto che'. La Cavallerizza è tra i turisti fonte di grande stupore, perché tutto ci si aspetta a due passi da Piazza Castello e da Via Po tranne che imbattersi in una vecchia stalla tanto decadente e ancor più affascinante. Chissà che cosa sarebbero capaci di fare con un posto come la Cavallerizza gli svizzeri o gli olandesi o i tedeschi. Parlando della Cavallerizza, non si può fare a meno di fornire un'unica avvertenza: non andateci con i calzoni alla cavallerizza. Che naturalmente è diverso dallo scrivere «non andateci con i calzoni, alla Cavallerizza».

Ma, trattando qui dello studio, non si può ignorare Piazza Carlo Alberto. In Piazza Carlo Alberto, fino al 1859 giardino privato dei Savoia sul retro di Palazzo Carignano, c'è la Biblioteca Nazionale, un tempo scuderia del Principe di Carignano e dal 1973 rifugio di migliaia di volumi e svariati incunaboli. Frequentare la Biblioteca Nazionale significa sottoporsi non solo ai suoi necessari rituali, tipo il lasciapassare da ritirare in bianco all'entrata e da restituire all'uscita compilato, timbrato e vidimato, ma pure all'esperienza sadomaso dell'attesa dei libri che si vorrebbero consultare, al banco dietro cui c'è spesso un qualche bibliotecario che sbraita: «NON SI PUÒ STARE QUI AL BANCO, LA CHIAMIAMO NOI, NON VEDE CHE È D'INTRALCIO?», anche quando la sala prestiti è praticamente deserta e al banco fatale, lungo circa venti metri, non c'è nessun altro. Ad ogni modo: la Biblioteca Nazionale, tutta bianca come una fetta di torta e con quel suo tetto verde che ricorda le capitali del Nord, Stoccolma, Oslo, Copenaghen, è edificio di una bellezza sublime. E in Via Carlo Alberto, all'angolo con la piazza, c'è la casa dove a Torino ha abitato

Friedrich Wilhelm Nietzsche, che all'amico Peter Gast scriveva: «Meravigliosa limpidezza, colori d'autunno, uno squisito senso di benessere diffuso su tutte le cose... a cinque passi da me è la grandissima piazza, con il vecchio castello medievale: in essa si trova un piccolo grazioso teatro, davanti al quale la sera a partire dalle otto e mezza si siede all'aria aperta, e si sorbisce il gelato». Quello di Fiorio. Lì una lapide recita: IN QUESTA CASA FEDERICO NIETZSCHE CONOBBE LA PIENEZZA DELLO SPIRITO CHE TENTA L'IGNOTO, LA VOLONTÀ DI DOMINIO CHE SUSCITA L'EROE. QUI, AD ATTESTARE L'ALTO DESTINO E IL GENIO, SCRISSE *ECCE HOMO*, LIBRO DELLA SUA VITA. A RICORDO DELLE ORE CREATRICI, PRIMAVERA-AUTUNNO 1888, NEL PRIMO CENTENARIO DELLA NASCITA LA CITTÀ DI TORINO POSE. 15 OTTOBRE 1944 – ANNO XXII E.F., dove E.F. sta per Era Fascista.

Molti anni fa, sotto il porticato di Palazzo Carignano in Piazza Carlo Alberto, stavano le bancarelle dei libri usati oggi in Via Po. Allora nella piazza si teneva anche il mercatino dei testi scolastici, e passando da queste parti ci si rendeva conto che le vacanze estive stavano per finire sul serio. Il porticato è chiuso a causa del restauro della facciata del palazzo da tempo immemorabile. Di tanto in tanto, ospita qualche 'punkabbestia'. In Piazza Carlo Alberto passa il tram. La piazza è piccola e visto da lontano il tram sembra un giocattolo di latta. Piazza Carlo Alberto è stata tra la fine degli anni Settanta e l'inizio del decennio successivo il ritrovo dei primi punk in città, prima che questi si spostassero dagli scalini del monumento al re alla scalinata di fianco al Cinema Romano, e poi, cacciati di lì, lasciassero la zona. Con i punk c'era uno skinhead che tutti i giorni arrivava pedalando sulla sua bicicletta da Via Principe Amedeo.

Naturalmente a Torino ci sono molte altre buone biblioteche. Tuttavia, celeberrima è la tradizionale scortesia di non pochi bibliotecari. In certi casi, se ci si azzarda a domandare qualcosa, o prima ancora di formulare una qualsiasi richiesta, il rischio è quello di sentirsi rispondere aprioristicamente e con toni alterati una qualsiasi delle varie espressioni che nella lingua italiana servono ad esprimere il concetto di negazione: «NO, NON C'È, NON LO SO, NON È POSSIBILE, NON POSSIAMO, NON NE HO IDEA, NON LO ABBIAMO, NON SO DI CHE SI TRATTA, NON DEVE CHIEDERLO A ME, NON ESISTE QUI DA NOI, NON ESISTE IN ITALIA, NON ESISTE IN ASSOLUTO, NON È DI MIA COMPETENZA, NON È IN CONSULTAZIONE, NON LO PUÒ VEDERE SENZA AUTORIZZAZIONE, NON SE NE PARLA NEMMENO, NON STA A ME DIRLE QUESTE COSE», *et cetera*. Da un punto di vista architettonico, la più brutta è la Biblioteca Civica dietro Via Garibaldi, sublime esempio del dubbio gusto in materia di edilizia pubblica e privata imperante nella seconda metà del secolo scorso: ma mentre scrivo a Torino si lavora alacremente per dare ai torinesi un senso di continuità e si prosegue proprio in questa direzione. Tra un tot di anni la Civica verrà trasferita nel complesso che si sta ricavando dalle ottocentesche ex OGR, le Officine Grandi Riparazioni delle vecchie Ferrovie dello Stato, complesso che all'interno del progetto Spina 1 e Spina 2 curato dallo Studio Gregotti e Associati dovrebbe diventare secondo quanto più volte ribadito dall'amministrazione cittadina un vero e proprio 'Beaubourg torinese'. Sfruttando l'interramento della ferrovia, si amplierà anche lo spazio del Politecnico, e insieme con la nuova biblioteca vedranno la luce un parco, due sale teatrali e una torre belvedere, oltre che spazi espositivi destinati a ospitare le opere della GAM e di grandi mostre temporanee. Ma anche se il nuovo Corso Mediterraneo è già stato inaugurato e fervono i cantieri tra i corsi Ferrucci, Peschiera e Castelfidardo, la fine dei lavori, inizialmente prevista per il 2006, è slittata al 2008: e non è detto che basti.

Una voce a parte meriterebbero forse certe biblioteche universitarie: raramente aperte, raramente agibili, raramente provviste di libri, nel senso che se di un volume si impadronisce un professore 'buonanotte suonatori', come usa dire ai piedi della Mole. Constatata l'inutilità di recarsi in codeste biblioteche per adoperarle in quanto biblioteche, non pochi universitari hanno perciò preso ormai da anni ad adoperarle altrimenti. C'è chi in biblioteca va per studiare portandosi da casa i propri libri, visto e considerato che studiare su quelli in teoria disponibili nella biblioteca è sì un'ipotesi assai affascinante ma altrettanto irrealizzabile. C'è chi in biblioteca va per incontrare gli amici e fare due chiacchiere in corridoio. C'è chi in biblioteca va per osservare come un entomologo certi bibliotecari, lì seduti ai loro posti immobili giorno dopo giorno da tempo immemorabile. E c'è chi in biblioteca va per chiedersi come mai c'è andato, così, semplicemente. Una menzione a parte merita la Biblioteca Gioele Solari a Palazzo Nuovo, dove anni fa tirava, e magari tira ancora oggi, una bizzarra atmosfera da villaggio-vacanza: forse per via di tutto quel viavai di studenti abbronzatissimi tra la biblioteca e il bancone del bar di fronte all'Università. Una biblioteca degna di nota è senz'altro quella che sorge nei pressi delle Carceri Nuove, assai tranquilla forse anche perché circondata dal verde degli ampi giardini su Corso Vittorio Emanuele II, variamente frequentati da una certa ora della sera in poi. Una biblioteca affascinante è quella sita al numero 18 di Via Po, e frequentata in genere dagli iscritti a Filosofia: polverosa, si presenta con un'aria un poco malandata, e però ha proprio l'aspetto che si confà a una biblioteca filosofica degna di tal nome.

Il ripostiglio

Il ripostiglio è vicino all'ingresso, proprio dietro Porta Palazzo. Si chiama Balon e ci si trova di tutto: è il nostro mercato delle pulci dal 1856, anno della relativa delibera comunale che autorizzava nell'area tra Piazza della Repubblica e il fiume Dora il commercio dei ferrivecchi. Il nome deriva secondo alcuni dalla mongolfiera che un giorno decollò da quest'angolo di Torino, secondo altri dal gioco del pallone che nel Settecento si praticava in un locale sferisterio. Il Balon si tiene tutti i sabati in Via Borgo Dora e nelle strade e piazze limitrofe, mentre la seconda domenica del mese ha luogo il Gran Balon, mostra-mercato antiquaria. In ogni caso, a qualsiasi ora deciderete di andarci troverete chi vi informerà che non avreste dovuto arrivare così tardi, perché «i pezzi buoni se ne sono già andati», inesorabilmente. Quale che sia l'orario di arrivo, ad ogni modo, il Balon vale sempre la pena di essere visitato, annusato, toccato, assaggiato, ascoltato: specie se non si è alla ricerca di nulla, cosa che permette di apprezzare tutto. Con il passare dei decenni il Balon è rimasto se stesso e allo stesso tempo è anche molto cambiato. Anni fa, per esempio, è comparso un settore dedicato alla cucina araba, profumato di menta e di kebab, ed echeggiante di raga. Poco dopo, per lunghi mesi, al Balon si è parlato polacco, e prima che prevalessero le dure leggi della concorrenza è stato possibile portarsi a casa orologi a muro fabbricati per i sottomarini sovietici e matrioske e cimeli della Russia comunista e della Germania nazista, a testimonianza dell'enorme sfortuna polacca di ritrovarsi in mezzo a due paesi tanto ingombranti. Sparsi qua e là, di tanto in tanto spuntano anche dei nomadi di provenienza balcanica, che tra loro parlano in dialetto Rom, una lingua indecifrabile e vagamente slava. Non si capisce bene in che cosa commercino, ma se sono al Balon in qualche cosa commerciano. La parte più esotica del mercato, però, è quella occupata dagli espositori storici, quelli che al Balon ci sono sempre stati e sempre rimarranno. Dal loro alveo naturale, lo spiazzo antistante l'Arsenale, poco fa sono stati sfrattati. Per un certo periodo hanno trovato asilo nell'ex cimitero sconsacrato di San Pietro in Vincoli, là dove la domenica mattina si davano appuntamento i rumeni che oggi invece dopo la Santa Messa intasano Via Cigna e dintorni. Dopo di che sono tornati sui loro passi, e alla chetichella si sono sistemati dietro il cosiddetto Cortile del Maglio, che si chiama così perché è un cortile con al centro un maglio. Questi personaggi al Balon vendono in assoluto le cose più incredibili. Vecchi pattini a rotelle con tre rotelle al posto di quattro; bulloni arrugginiti; tacchi senza scarpe; cerniere rotte; lucchetti privi di chiave; cavatappi a cui manca la punta; pedali di bicicletta; forcine per capelli; settimane enigmistiche già compilate; filmini porno in superotto; pile scariche; guanti da monco (nel senso che di guanto ce n'è uno solo); tappi di bottiglia; dentiere; occhi di vetro; apparecchi acustici; macchine per scrivere senza le vocali; abbonamenti del tram per l'anno 1982; vecchie tesi di laurea in Agraria, Filosofia o Scienze Politiche; nastri dei Pooh; quarantacinque giri di Pupo; cataloghi Vestro e Postalmarket autunno-inverno 1979; copie usate di «Le Ore»; ciabatte infradito di plastica numero 52; bottoni foderati di stoffa nera di quelli che in Sicilia si portano cuciti al bavero della giacca per mostrare di essere in lutto; pennarelli consumati dall'uso; palline da ping-pong finite sotto le ruote di un camion; album delle figurine Panini del campionato di calcio 1973-74 con le foto di Chinaglia, Wilson e Re Cecconi; magliette con la faccia di Nino D'Angelo (stampate prima che diventasse 'di culto'), e le classiche bici rubate che al Balon tradizionalmente vanno a ruba. Chi passa tra simili reperti archeologici del nostro recente passato, allineati o buttati su pezzi di stoffa o di cartone, si domanda a quale tipo di consumatore possano mai interessare: eppure tale mercanzia continua a intasare il Balon, sabato dopo sabato, cosa che non avrebbe ragione di accadere in assenza di compratori.

Si accennava poco fa all'ex cimitero sconsacrato di San Pietro in Vincoli. E parlando di cimiteri è bene forse aggiungere che Torino è forse l'unica città al mondo in cui si fa pubblicità ai funerali. I manifesti di due ditte concorrenti di pompe funebri si contendono il caro estinto da quando venne fuori una brutta storia di funerali 'pilotati', nel senso che in certi ospedali alla morte di un ricoverato si scatenava una vera e propria caccia ai congiunti per accaparrarsi la cerimonia funebre con i relativi introiti. Una cosa poco elegante, che strideva con l'abituale *understatement* dei torinesi. Fatto sta che da allora le due ditte non fanno altro che strombazzare la loro correttezza e onestà, reclamizzando a mezzo di manifesti e annunci sui giornali la convenienza dei rispettivi funerali. A Torino del resto esiste anche una pubblicazione specializzata in cimiteri e cose funebri, cui collabora tra gli altri Bruno Gambarotta.

I muri delle case intorno al mercato, come succede un poco dappertutto nel resto della città, oltre che dai manifesti delle due ditte concorrenti di pompe funebri di cui sopra sono coperti di graffiti, talvolta di evidente significato politico, talaltra difficilmente comprensibili. Seminascosto in una viuzza secondaria, uno di essi è in assoluto quello che suscita nel lettore di passaggio la più immediata e sincera solidarietà: si tratta di un graffito contro i vandali che deturpano le strade di Torino in maniera sistematica e quotidiana, il più delle volte senza che le forze dell'ordine intervengano in qualche modo a fermare lo scempio perpetrato da codesta fascia di asociali postisi al di fuori delle regole del vivere civile. Riporto fedelmente: PORTATE A CAGARE I VOSTRI CANI DA UN'ALTRA PARTE. SE I VOSTRI CANI CAGHERANNO SOTTO LE MIE FINESTRE IO VERRÒ A CAGARE DAVANTI ALLE VOSTRE PORTE.

Tra i prodotti tipici del Balon, i borseggiatori nordafricani specializzati nel furto di telefoni cellulari, più un tot di tipi sempre nordafricani che quando gli passi vicino ti sibilano: «Vuoi fumo amico?», e tutte le volte ti domandi come fanno a sapere che non sei un poliziotto in borghese di quelli che non hanno l'aria di essere poliziotti in borghese (ma ne esistono?). Il Balon appartiene alla categoria dei 'luoghi mitici della città di Torino', nonché a quella dei 'luoghi mitici della città di Torino poi diventati luoghi letterari e poi cinematografici': grazie al romanzo *La donna della domenica* di Fruttero e Lucentini, interpretato sul grande schermo da Marcello Mastroianni e Jaqueline Bisset. Va detto che anche i prezzi del Balon, specie quelli del settore rigattieri e antiquari, non sono decisamente più quelli di una volta. Almeno in questo caso, a prescindere dall'euro. Ne consegue che al Balon è oggi più che mai necessario 'contrattare', ovvero cercare di spuntare un prezzo migliore rispetto a quello che vi viene proposto. Fateci caso: se pagate il prezzo che vi chiedono senza tentare di ottenere un ribasso o uno sconto, quando vi allontanate scuotono il capo delusi. Se in visita a Torino decidete di andare al Balon, tenete d'occhio quel tizio che sembra seguirvi. Non sembra. Vi segue sul serio. E non lo fa perché si è innamorato di voi.

Alcuni anni fa, dalle parti della Dora, e in particolare all'altezza di Via Borgo Dora, ovvero dove abitualmente si tiene il Balon, si è andati in piroscafo: se lo ricordano un sacco di torinesi, anche solo per averlo visto in tivù in occasione di un appello del sindaco, che chiedeva ai torinesi di non raggiungere i punti critici dell'alluvione per non intralciare i mezzi di soccorso; naturalmente la zona pullulava di torinesi ansiosi di farsi inquadrare dalle telecamere, per salutare mamma e papà e nonne e nonni e zie e zii e cugine e cugini sventolando la manina dietro all'inviato di turno. In quell'occasione, per la prima volta nella storia, le piogge hanno isolato Torino dal resto del Piemonte. Il fiume Dora, affluente del Po sotterrato a forza dall'uomo per lunghi tratti all'epoca dell'industrializzazione della città, si era ribellato e minacciava di travolgere interi quartieri. Dai rubinetti di molte zone della città, paradossalmente, non usciva più acqua. È stato allora che in un supermercato ho visto gente apparentemente civile accapigliarsi per una confezione da sei di acqua minerale. Una scena che non prometteva niente di buono.

Diretti verso il mercato del Balon il sabato mattina, molti torinesi si fermano in Piazza della Consolata, in modo da fare colazione al Bicerin. Al Bicerin, aperto nel 1763 e frequentato da Nietzsche, Rousseau e forse anche Napoleone o almeno dai suoi ufficiali, si entra sperando di trovare un tavolino libero. Il locale contiene otto tavolini, e il sabato mattina occorre recarvisi non troppo tardi per poterne occupare uno. Sedersi al Bicerin è uno dei grandi momenti della vita: il soffitto basso, i tappeti rossi, le pareti di legno chiaro, il pavimento consumato dai passi dei clienti, le scatole di krumiri dietro le vetrine, la macchina del caffè enorme sul piccolo banco, la porta che dà sul laboratorio dove la cioccolata cuoce per quattro ore prima di essere pronta per un 'bicerin', la bevanda al caffè, crema e cioccolata tipica di Torino, tutto complotta insomma a favore del fatto che la giornata cominci, grazie al semplice gesto di varcare la soglia di questo locale, in modo perfetto. Data la vicinanza con tutta una serie di istituzioni ecclesiastiche, il Bicerin è frequentato anche da membri di tali istituzioni. E mentre seduti guardate di fronte a voi l'esile suorina che sorseggia la sua divina mistura, non potete fare a meno di chiedervi se più tardi, al cospetto del suo confessore, la Sposa del Signore ammetterà di avere commesso un simile peccato. Peccato che, contrariamente alle apparenze, non è un semplice peccato di gola. Fermarsi al Bicerin in Piazza della Consolata a bere un 'bicerin', anche se in piedi, ha a che fare non con la gola ma con la lussuria. Quante esili suorine commettono peccati di lussuria, recandosi al Bicerin? Impossibile saperlo, ma se nei pressi della piazza ne incrociate una i cui occhi bruciano con la fiamma della passione, allora state sicuri: sotto quel severo velo color della notte arde il corpo di una donna. Anche perché il 'bicerin' viene servito caldo, e se lo si manda giù d'un fiato, magari con l'intento di non indugiare nel peccato, ci si ustiona le tonsille e da lì in giù tutto l'apparato digerente. Anni fa un americano propose alle signore che gestiscono il Bicerin di smontare il locale e rimontarlo 'tale quale' a Manhattan. Le signore, eroiche, lo hanno mandato come usa dire 'a stendere'.

Piazza della Consolata tra parentesi è stupenda, e spesso ci si va semplicemente per guardarla, auspicandosi di trovarla deserta. Per non rompere l'incanto di quella piccola distesa di pietre assolate ai piedi dell'alta torre campanaria rossa di mattoni, ci si stringe contro un muro o si cerca rifugio in una stradina laterale. Piazza della Consolata, con la sua millenaria chiesa omonima molto cara ai credenti torinesi e dagli interni di una bellezza rara e sfolgorante, porta bene il suo nome, perché osservandola è possibile in qualche modo avvertire un senso di consolazione, come se al centro dell'apocalisse di auto e di passanti che è diventata la città fosse possibile posare lo sguardo su un lago placido e immobile, arrivato intatto fino a qui e ora attraverso chissà quali vicissitudini. Ma basta l'affacciarsi di una figura antropomorfa per sentire che qualcosa ci è sfuggito senza che lo si possa recuperare, per cui a quel punto è meglio andarsene e ritornarvi in un'altra occasione. La Festa della Consolata si celebra a Torino ogni 20 giugno con una processione, per ricordare il miracolo del 'cieco di Briançon', che proprio lì, dove in epoca paleocristiana sorgeva una chiesa dedicata a sant'Andrea poi distrutta, individuò il luogo in cui era conservata un'antica immagine della Madonna andata perduta, e che nell'istante del ritrovamento del ritratto riacquistò la vista. La torre del campanile, in origine, aveva funzione difensiva. E l'attuale chiesa è frutto dell'ampliamento, nel 1729 da parte dello Juvarra, di un progetto di Guarino Guarini risalente al 1678. Da non perdere, sull'altare maggiore, l'icona quattrocentesca della Vergine, e di fianco alla sagrestia gli innumerevoli ex voto donati alla chiesa dai fedeli. Perché Torino è molto più vicina a Napoli di quanto non si pensi.

Il bagno

A Zurigo, capitale finanziaria e industriale della Svizzera, scorre il fiume Limmat, limpido corso d'acqua che taglia in due la città famosa tra le altre cose per il suo favoloso sistema di trasporti pubblici. Alla Svizzera non solo i torinesi ma in generali gli italiani, ritenendosi assai più furbi e creativi degli svizzeri, associano notoriamente tre cose: la cioccolata, le mucche e le banche. Ma la svizzera Zurigo e i suoi svizzeri abitanti riservano da questo punto di vista non poche sorprese. Lasciando da parte il favoloso sistema di trasporti pubblici, da noi inesistente e inconcepibile, e la straordinaria creatività di designer, architetti, grafici, fotografi e artisti vari, oltre che perfino dei cosiddetti 'squatters', che a Zurigo hanno fatto dell'occupata Rote Fabrik una meraviglia del riciclaggio di strutture ex industriali aperta a chiunque, tra le sorprese più grandi spicca tuttavia senza dubbio proprio il Limmat, fiume che a Zurigo diventa mare. Perché nel Limmat gli zurighesi nuotano beati, approfittando del fatto che dopo decenni di inquinamento le sue acque sono state ripulite. In riva al Limmat, gli zurighesi prendono il sole su lettini e stuoie, a seconda dei casi sdraiandosi direttamente sull'erba o utilizzando le strutture dei piccoli e semplici stabilimenti balneari sorti a pochi passi dal centro cittadino. E sulle sponde del Limmat, fino all'altro ieri poco frequentate se non da spacciatori e relativi clienti, gli zurighesi ora passeggiano amabilmente pure la sera, giovani coppie di punkabbestia e ragazze sole comprese. Da fiume tossico, intossicato e intossicante, in una parola infrequentabile, lo svizzero Limmat è insomma diventato una della risorse della svizzera città, e percorrendo a piedi il suo corso durante l'estate, tra il verde degli alberi e i corpi seminudi dei bagnanti, il rumore dei tuffi e il profumo delle creme abbronzanti, davvero non si direbbe di stare nella capitale finanziaria e industriale della Svizzera. Ora: il bagno, a Torino, è il Po con i suoi Murazzi. E se da torinesi si è stati almeno una volta nella vita a Zurigo, in riva alle pulite acque del Limmat, non pensare al Po e ai Murazzi è per forza di cose quasi impossibile o perlomeno improbabile: col risultato che, pur essendo torinesi e quindi italiani, ci si sente inevitabilmente assai meno furbi e creativi degli svizzeri. Un uso per così dire svizzero del Po e dei Murazzi, con tanto di ombrelloni e sedie sdraio e docce sul modello dello zurighese Limmat, in modo da ovviare alla cronica mancanza di lidi cittadini e da rendere una volta per tutte obsoleto il luogo comune secondo cui Torino certo non è male e però con il mare sarebbe meglio, non è possibile. Bisogna fare i conti con la dura realtà. Senza inutili perifrasi, e senza ipocrisie: il Po, a Torino, fa schifo. E pare che ripulirlo e renderlo balneabile non interessi davvero a nessuno.

Trattandosi del bagno di casa mia, ovviamente non riesco a rassegnarmi. Sarà perché amo nuotare. Sarà perché amo certe foto di Helmut Newton. Sarà perché amo Parigi. Sarà perché amo la Senna. Sarà perché amo le foto che molti anni fa Helmut Newton scattò a Parigi in riva alla Senna, con i parigini che prendevano il sole ai bordi della piscina sul fiume e se non ricordo male il cartello VIETATO FOTOGRAFARE. Sarà che amo Torino. Sarà che amo il Monte dei Cappuccini e la Gran Madre e il verde dell'ex Zoo visti dai Murazzi. Sarà che mi piacerebbe nuotare all'aperto d'estate ma non in una qualche piscina scoperta in collina o ai margini del centro ma proprio lì, nel bel mezzo di Torino, di fronte a Piazza Vittorio. Sarà che in quanto Toro ascendente Capricorno le mie manie e le mie fisse sono particolarmente dure da estirpare. Non lo so. Fatto sta che per quanto mi riguarda il posto che amo più di ogni altro in estate a Torino è un posto che non c'è. Una piscina. Messa proprio lì. A mollo nel Po. Di fronte a Piazza Vittorio. Come quella a mollo nella Senna fotografata molti anni fa da Helmut Newton. Tutte le volte che vado al Po, chiudo gli occhi. La vedo. Profumata di creme abbronzanti e di cloro. Circondata dalle acque del fiume. Fresche. Pulite. Limpide. Un sogno, appunto.

A Torino, sul Po, ci sono due barche: Valentino e Valentina. Che in una città dove per arrivare al mare occorre mettersi in auto sulla Torino-Savona sperando nel giro di un paio d'ore di giungere vivi a destinazione, vengono usate dai torinesi specie nelle domeniche d'estate per andare in gita sul povero, maleodorante fiume invaso dalle alghe fino alla vicina Moncalieri e ritorno. Tuttavia, la Torino 'magica' pullula di fantasmi anche sul Po. Sono i fantasmi di barche torinesi ormai scomparse, ossia quelle che ancora poco tempo fa giacevano abbandonate sempre davanti ai Murazzi, a pochi metri sulla destra una volta scesi da Piazza Vittorio. Quelle barche dalla vernice ormai sbiadita dal sole quando non definitivamente scrostata evocavano per via della loro foggia parecchio allungata le loro lontane e nobili parenti veneziane, dette anche gondole. E, vedendole lì ad agonizzare sotto la grande palla di fuoco, non si poteva fare a meno di ripercorrere mentalmente con esse l'intero corso del fiume, fantasticando di altri tempi e altri mezzi di trasporto. Ora, durante la bella stagione, al loro posto stazionano gli orribili gazebo di bar e locali vari, simili a quelli altrettanto orribili che di tanto in tanto invadono luoghi altrimenti bellissimi, tipo Piazza Castello, Piazza Vittorio o Piazza Carignano, in occasione di kermesse spesso affollate ma non per questo meno terrificanti. Tali gazebo impediscono per lunghi tratti a chi passeggia lungo la riva di vedere l'acqua del fiume, con la luna che suo malgrado si riflette in cotanta sporcizia.

I Murazzi contengono infatti svariati locali prevalentemente notturni, che in rari casi diventano diurni, e d'estate anche una rampa per lo skateboard e un paio di calciobalilla, uno da Giancarlo, che insieme con il Doctor Sax è il locale 'storico' dei Muri, e uno al CSA Murazzi. D'estate grazie al Po i Murazzi diventano il luogo più fresco in assoluto della città dove darsi appuntamento per l'aperitivo. Poi arriva l'inverno e grazie al Po i Murazzi continuano a essere il luogo più fresco in assoluto della città dove darsi appuntamento per l'aperitivo, e allora in linea di massima per l'aperitivo ci si dà appuntamento da qualche altra parte. Tornando all'estate, i Murazzi contengono anche un signore che spesso e volentieri si tuffa in acqua per farsi una nuotata nelle acque del fiume. Ogni tanto una signora lo segue. Ma lei non si bagna neppure i piedi: preferisce piuttosto fare l'uncinetto o le parole crociate sotto un ombrellone. Per vedere i Murazzi c'è gente che arriva addirittura dalla lontana Milano, dove anziché i Murazzi hanno i Navigli, che però a detta dei milanesi sono tutta un'altra cosa. Tra i torinesi salutisti, c'è chi li usa come pista per il footing o per praticare il nobile e duro sport del ciclismo. D'estate talvolta l'affollamento dei Murazzi raggiunge livelli per così dire riminesi. Sempre d'estate, e specie dopo le tre di notte, ai Murazzi è bene evitare di mostrare agli amici il nuovissimo Rolex d'oro per poi allontanarsi soli e ubriachi verso Piazza Vittorio Veneto. Territorio, come si è detto, dove spadroneggiano bande di ragazzini nordafricani.

Piazza Vittorio Veneto, detta comunemente Piazza Vittorio, venne commissionata a Giuseppe Frizzi da Carlo Felice, per colmare il vuoto lasciato in epoca napoleonica dall'abbattimento della porta con cui terminava Via Po e congiungere la città barocca al Borgo Po, che nel frattempo si era formato al di là del fiume. Così, tra il 1825 e il 1830, si procedette all'edificazione dei grandi palazzi porticati che danno forma alla piazza, destinati a ispirare artisti come Casorati e De Chirico e a ospitare locali come il Caffè Elena, già frequentato da Pavese e di grande fascino per via dei suoi interni originali. I Murazzi vennero costruiti proprio in occasione del completamento della piazza, e in origine avevano la funzione di magazzini. Ora invece no. Ai Murazzi non si conservano le acciughe. Si fa il *clubbing*.

Ogni generazione ha i suoi club di riferimento, a seconda naturalmente del tipo di musica da essi proposto. Durante la prima metà degli anni Ottanta, i reduci del punk e gli adepti della new wave affollavano posti come il Big in Corso Brescia, oggi una sala bingo, o il Tuxedo in Via Belfiore, oggi il Tuxedo in Via Belfiore. Durante la seconda metà del medesimo decennio, invece, i pionieri prima del rap e poi della house salutarono l'avvento dello Studio 2 in Via Nizza, ora defunto, anzi, addirittura raso al suolo, e del Polaroid in Piazza Statuto. Nel corso dei più recenti Novanta, il popolo del rock e del britpop ha invaso il Barrumba di Via San Massimo e il Faster dietro Piazza Statuto. I malati di techno si sono invece dati appuntamento innanzitutto ai Docks Dora in Via Valprato, prima al Reddocks e poi al Docks Home, e anche al Supermarket in fondo a Via Stradella, che per un certo periodo è poi stato un posto frequentato soprattutto dai rumeni residenti in città, con scampoli di drum'n'bass al Zona Castalia in Via Principe Amedeo, che ora non esiste più. Per un paio di stagioni, sempre agli albori del decennio appena concluso, è andato forte un locale di nome Crossover in Strada Settimo, dove per l'appunto si faceva più che altro crossover. E per anni ai margini del Valentino ha imperversato un tempio dell'acid e dell'underground, ovvero il Vertigo in edizione Latin Superb Posse, ora Matilda. Oggi si va appunto ai Murazzi, ad esempio al giovedì targato Krakatoa di Pisti e Samuel, oppure al Centralino in Via delle Rosine dove martella la techno di Frola e Gambo, o allo Stepper in Via Valprato dove Base O.m.b.r.a. e i Rollers Inc. ci danno dentro con il drum'n'bass. Un dj torinese finito nelle classifiche inglesi e tedesche è Mauro Picotto. Ma naturalmente Torino è innanzitutto la culla di numerosi gruppi musicali, dai celeberrimi Subsonica e Linea 77 agli storici Africa Unite e Mau Mau. Clamoroso poi il successo su scala planetaria degli Eiffel 65, tre ragazzi nati e cresciuti in un quartiere 'difficile' come Barriera di Milano: prima di loro una cosa simile era capitata solo ai 'fratelli' Righeira, Michael e Johnson. Nel panorama dei personaggi ormai leggendari che stagione dopo stagione hanno animato i locali notturni torinesi, davvero troppi sarebbero quelli da segnalare. Tra gli altri: la 'madame' alla porta del Tuxedo, elegante e inflessibile nella selezione; Lorenzo LSP, dj torinese 'da esportazione'; e poi Lella, l'ex ragazzina dai capelli rossi, pierre, amante dei gatti, patita del calciobalilla e tifosa del Toro. Per promuovere la musica che si fa a Torino e nella regione, ultimamente, è nato il progetto Piemonte Groove. E dj torinesi hanno suonato al Sonar di Barcellona, al Midem di Cannes, alla Street Parade di Zurigo, al Festival del Cinema di Berlino e a quello di Venezia.

Tra i concerti memorabili: i Ramones al Palazzetto dello Sport e poi al Big e allo Stadio Comunale, i Chemical Brothers nel 2002 e Iggy Pop l'estate scorsa alla Pellerina. Ma soprattutto i Pil di John Lydon al Palasport nel settembre del 1986, con tutto il pubblico che tra uno sputo e l'altro tirava loro addosso di tutto. Suonarono tre pezzi, poi John Lydon disse che se qualcuno gli avesse ancora sputato o tirato qualcosa se ne sarebbe andato subito. Immediata salva di sputi e lancio di oggetti vari. Fine del concerto. Che però dopo un quarto d'ora riprese con *Pretty Vacant* dei Pistols, tra le ovazioni e il pogo. Poco dopo la fine del concerto mi ritrovai a vagare solo in uno dei vialetti di Parco Ruffini, e a un tratto il pullman della band mi passò di fianco. Sgranai gli occhi mentre mi superava a passo d'uomo. E da un finestrino John Lydon mi fece le boccacce. L'avrei baciato.

Ai Murazzi si arriva di solito percorrendo a piedi o in auto Via Po. Come molte altre vie, Via Po è composta da due carreggiate parallele. La prima porta da Piazza Castello a Piazza Vittorio, la seconda porta da Piazza Vittorio a Piazza Castello. Ai lati delle carreggiate, riservate al traffico delle automobili, dei motocicli, degli autobus, dei tram e delle biciclette, è possibile notare due marciapiedi ricoperti da portici. Come si diceva, secondo la leggenda sotto i portici medesimi erano soliti deambulare i Savoia, almeno nelle giornate di pioggia, quando volevano fare una passeggiata fino al fiume. Via Po, tra le strade del centro storico di Torino, è quasi unica: con la dirimpettaia Via Pietro Micca infatti costituisce l'anarchica eccezione diagonale che irrompe nel rigido reticolo ortogonale derivante dal campo militare romano. Lungo il suo asse, intorno al 1673, la città si ampliò verso il fiume. E grazie ai suoi 1.250 metri di portici, è senza dubbio una via di quelle che una volta viste non si dimenticano. Via Po è notevolissima la mattina presto, quando il sole si è appena alzato e la maggior parte dei torinesi non è ancora uscita di casa. Semideserta nella luce dell'alba, Via Po è uno spettacolo di rara bellezza, soprattutto se il cielo è terso e i suoi edifici splendono gialli o bianchi, e la collina al di là del fiume profuma di foglie verdi, marroni o gialle. In Via Po si ha sempre la sensazione di poter incontrare qualcuno. Poi magari non si incontra nessuno, ma non importa. Quello che conta è la sensazione. Una volta in Via Po è crollato di botto mezzo isolato, il secentesco Palazzo degli Stemmi, che deve il suo nome agli stemmi dei benefattori che campeggiano all'esterno dei portici: sotto Vittorio Amedeo II era un ospizio di carità che accoglieva ragazzi abbandonati e mendicanti. Il pomeriggio del crollo per fortuna da quel lato di Via Po non passava nessuno; in ogni caso, se in Via Po sentite degli strani scricchiolii, ricordatevi che ripararsi sotto i portici può non essere la soluzione migliore. In un bar di Via Po, l'Angelo Azzurro, alla fine degli anni Settanta morì tra le fiamme provocate dal lancio di una molotov uno studente che vi si era rifugiato durante gli scontri tra extraparlamentari di destra e di sinistra. Ma il bar più famoso di Via Po è il già citato Caffè Fiorio. Una volta entrati al Caffè Fiorio, o si resta in piedi di fronte al bancone o ci si siede in una delle sue sale.

Sdraiarsi a terra, appiccicarsi ai muri o appendersi ai lampadari non è permesso. Non che da Fiorio siano particolarmente severi: solo, Cavour non lo avrebbe mai fatto, e siccome Fiorio è un locale storico, cose di questo genere ancora oggi non si fanno. In compenso, le possibilità offerte dal caffè ai suoi clienti nel caso questi vogliano sedersi sono almeno quattro: ci si può mettere in bella mostra nella prima sala, che si apre rossa di velluti subito dopo il bar; ci si può seminascondere nella seconda sala, sempre rossa ma stretta e lunga, a vagoncino, le pareti foderate di specchi; ci si può perdere nella terza sala, marrone e un poco buia; e ci si può allontanare da tutto e da tutti arrampicandosi su per le scale fino al piano superiore, dove la quarta sala, contenente un vecchio pianoforte a coda di gran marca perfettamente accordato, funge di volta in volta da rifugio per misantropi e innamorati. Pare che durante i festival cinematografici torinesi Nanni Moretti si spinga fino al Fiorio a caccia di gelati. Pare che qualcuno lo abbia riconosciuto una volta davanti alle vetrine, interpellandolo con la classica frase: «Scusi, ma lei è Nanni Moretti?». Pare che lui abbia risposto: «No, non sono Nanni Moretti». Non si sa quale delle quattro sale del Fiorio Nanni Moretti prediliga. Da parte loro, le sale mantengono il massimo riserbo. In teoria, per scoprirlo basterebbe sentirsi rispondere da una di esse: «No, non sono la sala prediletta da Nanni Moretti». In Via Po c'è anche Ghigo, pasticceria dotata di arredi originali anni Sessanta e produttrice di una panna artigianale sublime. E poi ci sono le segreterie delle facoltà umanistiche dell'Università. E ogni volta che si varca lo scuro cancello in ferro che si erge sotto i portici tra le bancarelle dei libri usati alle quali si tenta inutilmente di rifilare i testi su cui si è studiato l'ultimo esame, ci si prepara a una delle seguenti eventualità. PRIMA EVENTUALITÀ: una massa informe di studenti intasa lo spazio prospiciente l'entrata degli uffici; è dunque necessario prepararsi a una lunga attesa; si è automaticamente certi di perdere tutta la mattinata. SECONDA EVENTUALITÀ: lo spazio prospiciente l'entrata degli uffici è vuoto; una massa di studenti, suddivisi con un certo ordine in più code, intasa però internamente lo spazio su cui si aprono gli sportelli dei vari corsi di laurea; è dunque necessario prepararsi a una lunga attesa; si è automaticamente certi di perdere l'intera mattinata. TERZA EVENTUALITÀ: sia lo spazio prospiciente l'entrata degli uffici sia quello su cui si aprono gli sportelli di tutti gli altri corsi di laurea sono vuoti; lo spazio su cui si apre lo sportello del proprio corso di laurea è invece intasato da una massa di studenti, disposta razionalmente in un'unica coda; è dunque necessario prepararsi a una lunga attesa; si è automaticamente certi di perdere tutta la mattinata. A queste tre diverse eventualità si aggiunge una sola costante: dopo aver trascorso in coda alcune ore, e tenete presente che non tutti gli iscritti all'Università si lavano, cosa che comporta prevedibili, sgradevoli conseguenze, ci si ritrova infine allo sportello desiderato, senza però MAI possedere uno a scelta tra i requisiti necessari (ovvero: timbri, firme, ricevute, marche da bollo) a non dover ripetere da capo l'esperienza. Che infatti si ripete: il giorno dopo, ovviamente. Perché i ridottissimi orari di apertura al pubblico degli uffici non consentono altrimenti. È in Via Po che si finisce sempre per fare una passeggiata, quando si torna a Torino dopo che si è stati lontani dalla città per un po' di tempo. E ogni volta Via Po ha lo strano potere di farti rimpiangere di essere tornato e contemporaneamente di rallegrarti per averlo fatto. In entrambi i casi, i motivi sono gli stessi: luci, persone, colori, rumori, profumi, nient'altro.

Luci, persone, colori, rumori, profumi che insieme ti respingono e ti attraggono. Chissà perché. Impossibile spiegarlo.

Tra le cose sparite negli ultimi anni da Via Po: il negozio di pianoforti di fianco al Bar Università, che quando ci passavi davanti ti veniva voglia di iscriverti al Conservatorio; i due vecchietti ultracentenari che sembravano usciti da una favola grazie all'enorme barba e al bastone da passeggio di lui e ai pizzi e parasole e cappellini con veletta di lei, e litigavano sempre; il barbone dinoccolato e a suo modo elegante che per pochi spiccioli puliva le vetrine dei negozi; la cartoleria buia con i quaderni e le matite di una volta e la proprietaria che vecchissima provvedeva da sola malgrado gli acciacchi alla gestione della medesima; i punk con le creste verdi e gli skinhead con i tatuaggi che stazionavano davanti e dentro Suicidio, i primi con i Doc Martens zozzissimi, i secondi con i Doc Martens lucidissimi; la Pasticceria Abrate, che per la verità c'è ancora ma che non è più come l'abbiamo conosciuta; e il tipo folle dallo sguardo folle che camminava con braccia e gambe tesissime come un automa a tutta velocità, e che una volta a una mia amica che aspettava l'autobus ha dato senza alcun motivo una sberla.

Il terrazzo

Il terrazzo a Torino è una specie di inno ai prati e alle piante. Tanto grande da poterci andare in bicicletta o in skateboard. O a giocare a freesbee. O ad allenarsi per una maratona. Si chiama Parco del Valentino, e sta in riva al Po. Sulle rive del quale, tra giugno e agosto, ci si abbronza beati mentre in acqua torme di vogatori sudano nelle loro canoe. Il Valentino offre ai suoi visitatori un orto botanico e due castelli, uno vero e uno falso. Nel primo, ricavato intorno al 1633 da una villa del Cinquecento trasformata dagli architetti Carlo e Amedeo di Castellamonte su incarico della 'madama reale' Maria Cristina di Francia, ha sede la facoltà di Architettura del Politecnico. Nel secondo, costruito nel 1884 in occasione dell'Esposizione Generale Italiana dall'architetto portoghese Alfredo d'Andrade sull'esempio dei più famosi manieri del Piemonte e della Valle d'Aosta, le scuole portano in gita i ragazzini nell'anno in cui si studia il Medio Evo. Il Parco del Valentino, progettato dal francese Jean-Pierre Barillet Deschamps su un'area ancora più vasta rispetto ai 45 ettari attuali e nato nella metà dell'Ottocento, è già citato da documenti del 1275, nei quali la zona in cui sorge viene chiamata Valentinum, forse dal latino 'vallantinum', o piccola valle. Nel 1729 i Savoia fondarono l'Orto Botanico, collegato alla facoltà di Botanica dell'Università: in origine conteneva 1.200 unità di piante, oggi ce ne sono 12.000. Già cantato da Gozzano e frequentato da torinesi di ogni età, ora come ora il Valentino è specchio fedele della città: con le ragazze della Torino bene che fanno footing e i pusher nordafricani appostati dalle parti della cosiddetta 'collina dello spaccio' che nascondono le dosi tra gli alberi, gli universitari che giocano a pallone sui prati e i venditori di bibite e panini che da una clientela prevalentemente meridionale sono passati a una clientela prevalentemente rumena, le signore che portano il cane a spasso e gli abusivi cinesi e ghanesi che se intravedono un'uniforme in un amen fanno sparire la mercanzia. Di tanto in tanto, sulle pagine di cronaca dei giornali, si legge che la sera prima al Valentino una ragazza è stata stuprata. Di solito, stando ai titoli, da un 'marocchino'.

Altri giardini imprescindibili sono poi quelli di Piazza Cavour, ricavati nel 1835 sull'area occupata dai vecchi bastioni difensivi della città poi demoliti e dunque collinosi. Qui molto spesso i ragazzini che giocano a pallone, figli degli immigrati che non fanno notizia perché sgobbano dalla mattina alla sera facendo lavori che nessun italiano si sogna più di fare, tipo montare e smontare i banchi del mercato a Porta Palazzo, parlano arabo e sognano di imitare la carriera di Zidane: da figlio di immigrati pure lui a calciatore di professione. Accanto a Piazza Cavour c'è l'aiuola Balbo, impraticabile a causa delle deiezioni canine che i proprietari dei cani, spesso appartenenti alla buona borghesia cittadina, non si premurano di raccogliere. E girato l'angolo, a due-passi-due dalle colline alberate di Piazza Cavour, c'è Piazza Maria Teresa.

In Piazza Maria Teresa si arriva, volendo, per Via della Rocca: le case ai numeri 12 e 14 risalgono agli anni intorno al 1841 e sono dell'Antonelli. Al posto di Piazza Maria Teresa, molto tempo fa, c'era un cimitero. Oggi dove sorgevano le lapidi ci sono soprattutto alberi. Gli alberi di Piazza Maria Teresa sono i più belli di tutta la città, o comunque a me piacciono più di tutti gli altri: alti, slanciati, imponenti, quadrati, nel senso che formano un quadrato all'interno della piazza quadrata a racchiudere il quadrato giardino che però al centro risulta essere rotondo. In Piazza Maria Teresa, insomma, è possibile assistere alla quotidiana quadratura del cerchio. Sotto gli alberi sbadigliano alcune panchine, ideale rifugio per lettori di romanzi e racconti, poemi, saggi, quotidiani e dispense universitarie. Su queste panchine sostano non di rado anche innamorati corrisposti o respinti, impiegati in pausa pranzo, proprietari di animali con animali al seguito, in genere cani, che per un decreto illustrato da un vistoso cartello giallo vanno tenuti costantemente al guinzaglio, e studenti, babysitter fornite di bambini, bambini forniti di babysitter, spacciatori, ladruncoli, bidelli, professori. Piazza Maria Teresa, tuttavia, e nonostante l'assedio di auto parcheggiate sotto il perimetro degli alberi, sembra lontana da tutto e da tutti, incorniciata dalle alte facciate dei palazzi color sabbia o color ocra che la circondano facendole da scudo nei confronti di quanto accade nel resto della città. In Piazza Maria Teresa ci si sente altrove perfino ora che c'è un bar con ampio *parterre* di sedie in metallo e tavolini, preso d'assalto all'ora dell'aperitivo e nelle sere d'estate dalla *jeunesse* più o meno *dorée* o aspirante tale, che abita nei dintorni o che qui si dà appuntamento prima di fare un salto al Suite 29, *lounge bar* in Via della Rocca in stile molto, troppo milanese.

Rispetto a quanto accade nella non lontana Svizzera o in Baviera, ma anche in Sud Tirolo, a Torino la maggior parte degli spazi verdi pubblici non brilla per pulizia. Anche perché i torinesi che sporcano sono tanti, troppi. E quelli che non sporcano o addirittura puliscono appartengono al contrario a una minoranza. Il malcostume, si sa, è generale: abituati al dominio straniero dalla fine dell'Impero Romano in poi, gli italiani non hanno antropologicamente alcun rispetto per la cosa pubblica. E trattano di conseguenza i pubblici giardini, e i prati ai lati delle autostrade. Tanto che viene da chiedersi come sarebbe l'Italia se al posto degli italiani ci vivessero per esempio gli svedesi. Sia come sia: proprio al centro della città, dietro Piazza Castello, ci sono i Giardini Reali. Circondati dai bastioni secenteschi, furono ridisegnati da André Le Notre, fuoriclasse tra gli architetti di giardini del Seicento, su incarico di Vittorio Amedeo II. Sotto le loro querce e i loro ippocastani, i Giardini Reali hanno ospitato negli ultimi anni manifestazioni estive talora musicali, talaltra cinematografiche, o sia musicali, sia cinematografiche. Oltre che per la gioia di molti torinesi, fatta eccezione di coloro che nelle immediate adiacenze dei Giardini Reali risiedono, per quella di generazioni di zanzare. La parte all'interno di Palazzo Reale, specie ora che nel cortile prospiciente l'antica reggia dei Savoia non è più possibile parcheggiare, è quella meno esposta ai rumori del traffico. La parte sotto i secenteschi bastioni invece no, dei rumori del traffico è preda quotidiana salvo forse il quindici di agosto. Ma attraversarla con il tram significa poter godere di una visuale insolita dei giardini in questione, particolarmente nella direzione che da Piazza Castello vede i mezzi su rotaia scendere verso Corso San Maurizio.

Un altro spazio circondato dal verde da tutt'altra parte della città è Villa Capriglio, sulla strada che porta a Pino Torinese. Dove a seconda dei casi si tengono mostre di arte contemporanea oppure atelier di fotografia o corsi di video o pièce teatrali o serate con dj o comunque performance. Le sale della villa settecentesca, non di rado affrescate, sono variamente in corso di restauro o quasi. Fuori dalla villa, e per la precisione alle sue spalle, c'è uno splendido, piccolo anfiteatro. Alla fine degli anni Novanta l'anfiteatro giaceva ai piedi di Villa Capriglio dimenticato da tutti, ricoperto da erbacce e sterpaglie. Poi a Villa Capriglio qualcuno si è rimboccato le maniche e ha estirpato le une e le altre, restituendo l'anfiteatro medesimo non solo alla villa ma anche al resto della città. Sotto Villa Capriglio ci sono le cantine di Villa Capriglio. Accanto alle cantine c'è una ghiacciaia. Di fianco alla ghiacciaia c'è un cunicolo, via di fuga che una volta portava al Po. Tra gli artisti ospitati nel corso degli ultimi anni da Villa Capriglio, il compianto Polniuman, gatto dagli occhi di ghiaccio che nelle sue performance era capace di trasformarsi nel noto attore americano Paul Newman, sia nelle movenze sia grazie alla pettinatura. Purtroppo alcuni mesi fa Polniuman ci ha lasciati. Chi ha avuto la fortuna di conoscerlo non lo dimenticherà mai.

E poi naturalmente c'è l'Environment Park, ricavato in un'ex area industriale in riva alla Dora e destinato a diventare un importante polo di studi sui temi dell'ambiente. E inoltre: il Parco della Pellerina, dove i torinesi vanno d'estate ai concerti e per tutto l'anno a prostitute; il Parco Ruffini, quello con dentro il Palazzetto dello Sport; i Giardini della Tesoriera, dove volendo ci si può sposare civilmente; il Parco della Rimembranza su in collina; il parco Colletta dove il Po confluisce con la Stura; il Parco di Italia '61 sempre lungo il corso del fiume; il Parco della Collina di Superga, intorno alla basilica dove ogni anno a maggio si tiene la messa in ricordo dei caduti del Grande Torino; e un progetto intitolato Torino Città d'Acque si propone di creare un enorme parco fluviale che colleghi gli spazi verdi lungo i corsi d'acqua, lunghezza prevista 74 chilometri. Per un totale, come si diceva all'inizio, di 17.500.000 metri quadri di verde.

Ma a Torino, che non è Wolfsburg, ci sono anche alcune aree pedonali, proprio come a Wolfsburg. Una di queste, non distante dal centro, è l'isola pedonale della Crocetta, tra i corsi Galileo Ferraris e Duca degli Abruzzi, o se si preferisce Stati Uniti ed Einaudi. Qui, tra il 1904 e il 1914, l'alta borghesia torinese ha eretto alcune tra le sue dimore più notevoli, in un trionfo di aiuole, giardini privati e stile liberty. Ville e villini, palazzi e palazzine si susseguono sorvegliate da telecamere e cani da guardia. Tra i gerani e le rose ogni tanto spunta una colf rigorosamente filippina o sudamericana, mentre sui giochi sotto gli ippocastani biondissimi pargoli mettono a dura prova la pazienza delle biondissime *au pair*, non di rado inglesi, irlandesi o scandinave. I ragazzini che a queste latitudini giocano a pallone non parlano arabo come quelli dei Giardini Cavour, ed è probabile che qui, dove i cani mangiano in scintillanti ciotole Gucci, vestono eleganti impermeabili Burberry's e si spostano o riposano in sontuose cucce da viaggio Louis Vuitton, nessuno lo parlerà mai. Purtroppo tuttavia anche i cani dei ricchi, per usare un eufemismo, cagano. E le aiuole dell'isola pedonale della Crocetta sono disseminate di deiezioni canine, spesso celate come vere e proprie mine antiuomo tra una margherita e un trifoglio. Chi frequenta la zona abitualmente sta attento a dove mette i piedi, chi ci capita per caso la prossima volta farà più attenzione. Stupisce solo che l'area non sia sottoposta a monitoraggio da parte degli scienziati e dei medici che studiano le malattie cardiovascolari e non, in quanto molti praticanti del footing la frequentano illudendosi che la modica quantità d'ossigeno emanata dagli alberi li preservi dalla mostruosa quantità di gas tossici emanata dalle auto in circolazione negli adiacenti viali e controviali tra Corso Galileo Ferraris e Corso Einaudi e Corso Stati Uniti e Corso Duca degli Abruzzi. Un tempo, l'isola pedonale della Crocetta conteneva anche una rampa per i praticanti dello skateboard, e vi si poteva 'skeitare'. Poi naturalmente la rampa è stata rimossa: non sia mai che a Torino si possa 'skeitare' in pace da qualche parte.

L'altra isola pedonale famosa, in città, è Via Garibaldi. Che però al contrario di quella della Crocetta è priva di alberi e piena di negozi. Tra le vie del centro, Via Garibaldi è forse la più battuta dai patiti dello shopping. Ciò nonostante, ogni volta che a Torino si parla della creazione di nuove aree pedonali, i signori commercianti insorgono. Le aree pedonali, a Torino, spaventano i signori commercianti, e questo è uno dei misteri della mente dei signori commercianti, considerato l'indubbio, comprovato e ormai ventennale successo commerciale dell'isola pedonale di Via Garibaldi: che tra l'altro, per la gioia dei torinesi amanti di primati, è la via pedonale più lunga d'Europa. Ai signori commercianti, a Torino, sfugge che non deve trattarsi di un bizzarro scherzo del destino se nei paesi al di là delle Alpi le zone eminentemente commerciali sono sempre anche pedonali, in Svizzera come in Germania, in Austria come in Francia, in Belgio come in Olanda, in Danimarca come in Norvegia, in Svezia come in Finlandia. Il viavai di gente per Via Garibaldi, da quando Via Garibaldi è diventata isola pedonale, è non solo raddoppiato ma probabilmente addirittura più che decuplicato. E non si vede perché la stessa cosa non possa accadere altrove, tanto più che il centro di Torino, a piedi, lo si attraversa nel giro di mezz'ora.

Via Garibaldi, concepita nel 1775 dall'architetto Gian Giacomo Plantery seguendo le orme dell'antico *decumanus maximus* per congiungere Palazzo Madama all'allora Porta Segusina, che poi sarebbe l'odierna Piazza Statuto, prima del Risorgimento si chiamava Via Dora Grossa: dal nome piemontese, 'doira', del canale di scolo che scorreva al centro della carreggiata. Lunga più di un chilometro, la via delle jeanserie e dei negozi di scarpe conteneva fino a un paio di anni fa anche un cinema, tra l'altro molto bello, con una buona programmazione, i soffitti affrescati, due sale e un bar interno. Detto cinema si chiamava Charlie Chaplin. Non cercatelo, perché purtroppo non esiste più. Gli affezionati spettatori sentitamente rimpiangono, e si augurano che prima o poi riapra. L'ennesima jeanseria o l'ennesimo negozio di scarpe sarebbero uno spreco.

E poi, a parte i terrazzi privati, che specie in Piazza Vittorio a Torino sanno essere davvero spettacolari, Torino è piena di cortili. Per i torinesi adulti, il cortile deve essere grande abbastanza per farci stare la macchina: nel caso sia troppo piccolo per farci stare tutte le macchine degli inquilini dei relativi edifici, viene stabilito che nessuno possa lasciarvi la macchina; il principio, chiaramente democratico, è quello dello «scontentare tutti per non accontentare nessuno». Per quanto concerne i torinesi in età scolare, invece, una volta il cortile ideale doveva avere almeno tre caratteristiche fondamentali: A. il prato, su cui rotolarsi, sporcarsi e giocare a pallone, rubafazzoletto, pallavolo, pallavvelenata, volano, o fare gare di corsa a piedi o in bicicletta; B. il marciapiede, su cui disegnare le caselle e i numeri per giocare alla 'settimana' o a 'mondo'; C. il muro, contro cui tirare la palla nel caso i compagni di gioco fossero chiusi in casa a fare i compiti oppure via con i loro genitori. Il non plus ultra si raggiungeva se nel cortile c'erano uno o più alberi: perfetti per la costruzione di ipotetiche capanne ed essenziali per giocare a nascondino. Poi anche a Torino è arrivata la Playstation: e dei cortili oggi come oggi i piccoli torinesi se ne fregano, a meno che non debbano fare a meno della Playstation per via delle difficoltà economiche in cui versano i loro genitori. Tra i cortili più belli in città, ancorché scarsamente frequentati da bambini, sono naturalmente da segnalare quelli che si affacciano su Via Mazzini, Via dei Mille e Via della Rocca. Un cortile bellissimo e decadente è quello del palazzo in cui per due anni, dal 1919 al 1921, visse Antonio Gramsci in Piazza Carlina: anche in esso tuttavia le macchine prevalgono sui minibipedi, e poi pare che qui presto sorgerà un albergo a cinque stelle. Albergo a cinque stelle su cui per settimane la scorsa estate si è dilaniata la sinistra, che con l'aria che tira non trova giustamente di meglio di cui occuparsi. A Torino, in certi cortili evidentemente ancora frequentati da pargoli non in possesso di Playstation, c'è chi vorrebbe regolamentare in base a rigidi orari tipo fabbrica o istituto di correzione gli orari di accesso allo svago post-scolastico, estivo o domenicale. Perché Torino non è una città grigia: grigi sono spesso i torinesi, dentro.

La cantina

La cantina, a Torino, sta in Via Barbaroux. E non a caso si chiama proprio Cantine Barbaroux: localino dove i torinesi, non tutti, si capisce, si recano a pranzo o a cena o dopo cena oppure all'ora dell'aperitivo, certi di bere vini piemontesi e non e di mettere qualcosa sotto i denti. Ma l'esplosione delle enoteche, da un punto di vista non dinamitardo ma statistico, a Torino è da anni impressionante. Del Caffè Elena in Piazza Vittorio si è detto: la sua carta dei vini, per quanto travestita da carta dei vini di un caffè, non teme concorrenza. Certi borgogna e certi passiti di Pantelleria stanno lì a testimoniarlo. L'unico vero difetto del Caffè Elena è in certe ore il suo sovraffollamento. Così, viene spontaneo guardarsi attorno: meglio se con un periscopio, perché solo con un periscopio dall'angolo di Piazza Vittorio dove prospera l'Elena si può scorgere il Sorij, enoteca di quelle nuove o seminuove in Via Matteo Pescatore. L'assalto al Sorij, forse grazie alla sua posizione un poco defilata, è decisamente più contenuto rispetto a quanto non accada abitualmente sul fronte della vicina piazza. Al Sorij i tomini 'al verde' si alternano a tome e salami tra un flusso talvolta notevole di acciughe. La carta dei vini è più ridotta, ma di qualità. In Via Bogino, sempre a proposito di enoteche nuove o seminuove, anche la Taberna Libraria affetta affettati e formaggi sotto le sue volte con i mattoni a vista e con la carta dei vini in bella vista, ovvero esposta direttamente alle pareti sotto forma di bottiglie di vino della regione e non. Dei Tre Galli in Piazza Emanuele Filiberto si è già discettato, se non ricordo male: resta da aggiungere che lì la cucina è di buon livello, e la carta dei vini pure. In Piazza della Consolata, dopo il Bacaro che fa da ristorante veneziano con piatti al baccalà si è aggiunto il Bacaretto con i suoi 'chichetti', specialità lagunari a base di pesce fritto: e lì i torinesi vanno in cerca di cabernet e tokaj, oltre che di 'spritz'. Micidiale mix di vino bianco frizzante e Campari.

In Via Barbaroux, dove alla fine degli anni Settanta ferveva lo spaccio di eroina, si trovano ancora un paio di prostitute dell'epoca, perfettamente inserite nella vita del quartiere: nessuno si sognerebbe mai di fare una fiaccolata per cacciarle come accade a volte alla Pellerina. Forse perché l'unico segno che distingue una prostituta di Via Barbaroux da una qualsiasi passante di Via Barbaroux è il fatto che la prostituta tiene in mano le chiavi di casa e al passaggio di un uomo le mette bene in vista, facendole tintinnare. Talvolta le prostitute di Via Barbaroux, contrariamente a quanto sarebbe dato supporre da uno dei vocaboli con cui ad esse abitualmente ci si riferisce, ossia 'passeggiatrici', anziché passeggiare preferiscono sedersi, non sul marciapiede, che in Via Barbaroux non c'è, ma su vere e proprie sedie. Nei pressi, in Via Monte di Pietà, c'è ancora il vecchio monte dei pegni. E più giù, verso Piazza Albarello, poco prima della sede torinese della Cisl, c'è una chiesetta con una buca esterna per la raccolta delle LIMOSINE PER LI CARCERATI, come sta scolpito nella pietra. Tutta Via Barbaroux da Piazza Castello a Piazza Albarello è in pavé. In città esistono numerose altre zone nelle quali la pavimentazione stradale è affidata al fitto mosaico di cubetti di porfido, celebre tra gli appassionati di ciclismo per via della Parigi-Roubaix, classica di primavera particolarmente dura, ma nessun altro pavé è tanto pavé quanto quello di Via Barbaroux, al punto che si potrebbe perfino organizzare un giorno una Piazza Castello-Piazza Albarello sull'esempio della Parigi-Roubaix: basterebbe che giusto per la giornata della corsa i negozi di frutta e verdura della via togliessero dalla strada i loro banchetti zeppi di endivia e di cavolini di Bruxelles. In Via Barbaroux è ancora possibile rintracciare pure un calzolaio: autentica rarità.

C'è anche la Galleria Adelinquere, in Via Barbaroux, quella che espone artisti giovani senza pretendere una percentuale sul venduto. E dietro l'angolo, in Via San Dalmazzo, c'è pure il primo negozio che a Torino ha cominciato a vendere oggetti prodotti con la cannabis, che qui cito per via della storia del carabiniere, che però non è una barzelletta. Questa la storia del carabiniere che però non è una barzelletta: un giorno nel negozio entrano dei carabinieri per un controllo. Al commesso, dopo un po', salta in mente di offrire a uno dei militari un lecca-lecca alla cannabis. E il militare risponde: «Eh no, che fa, scherza? Uno comincia così, e poi...». Fine della storia.

Un posto inspiegabilmente privo di vinerie, a Torino, è Piazza IV Marzo: dove però ci sono un paio di trattorie con dehor, e un tot di pinguini. In città sono arrivati grazie al collettivo Octopus. E i pinguini li ha portati il milanese Pao, sigla che sta per Pinguini a oltranza, alias Paolo Bordino, artista e *writer* che una notte a colpi di bomboletta ha cominciato a trasformare in pinguini gli orrendi 'panettoni' della sua città, non i Motta ripieni di canditi, ma quelli anti-parcheggio in cemento armato. Risultato: i 'ghisa' e cioè i vigili urbani milanesi, che a Roma si chiamano 'pizzardoni' e a Torino più banalmente 'civic', hanno iniziato a dargli la caccia e a riempirlo di multe. Ma per magia la materia inanimata degli orrendi 'panettoni' si è ritrovata con un'anima, tanto che oggi certi bambini milanesi si contendono i pinguini per adottarli. I pinguini di Pao a Torino in Piazza IV Marzo se ne stanno tutti in gruppo, cosa che del resto per i pinguini è abituale. Ogni tanto qualche torinese si ferma ad ammirarli o a fotografarli, e loro lo lasciano fare. In Piazza IV Marzo un tempo c'erano i bagni pubblici, e fino alla Legge Merlini da queste parti pullulavano i cosiddetti 'postriboli'. Nelle vetrine di un rigattiere sotto i portici di Via Palazzo di Città, se ne può trovare ancora oggi qualche traccia.

In Piazza Carlo Emanuele II, da tutti conosciuta come Piazza Carlina per via dell'omosessualità del sovrano in questione, una vineria invece c'è. Anzi, per la verità è una *brasserie* e si chiama Lutèce, ne avete già letto a proposito di Rémi, il suo primo proprietario. Oggi tra i soci della Lutèce c'è anche uno scrittore, Enrico Remmert. Grazie al dehor della Lutèce e a quello del vicino La Badessa, ristorante arredato come un convento e specializzato in ricette dei conventi, in Piazza Carlina quando il clima lo consente è possibile pranzare o cenare al cospetto di stupendi palazzi color panna cotta, e incredibili chiese a forma di crème-caramel. Accanto alla Lutèce c'è addirittura l'officina di un elettrauto che sembra uscita dalle pagine di un romanzo di Pratolini. Col vantaggio che, non essendo Torino in riva all'Arno, a queste latitudini non ci si imbatte in nessun caso in colonne di pullman farciti di turisti. Vista dal lato di Via Des Ambrois, Piazza

Carlina è lo scenario ideale per godere della luce di indimenticabili albe e tramonti. E se vi capiterà di passare di qua in inverno, varrà la pena di fare una sosta per giocare a palle di neve approfittando del prato rotondo ai piedi del centrale monumento: a patto che sia nevicato, s'intende.

Piazza Carlina in principio doveva essere una *place royale* come Piazza San Carlo, ed avere un perimetro non quadrato ma ottagonale. In origine qui aveva sede il mercato del vino, da cui la sua collocazione nel presente capitolo. Poi però sotto Napoleone al centro della piazza venne messa la ghigliottina; e in seguito, durante la Restaurazione, questa venne sostituita da una forca. Ora c'è una statua di Camillo Benso Conte di Cavour, che in mano tiene una pergamena con su scritto «Libera Chiesa in libero Stato». La chiesa di Santa Croce venne disegnata dallo Juvarra, così come, pare, al numero 13 il palazzo Roero di Guarente. Il Corpo dei Carabinieri venne fondato nella Caserma Bergia, tuttora in funzione. E Antonio Gramsci per un paio d'anni abitò al numero 15 nell'ex Collegio di Virtù destinato a ospitare i bambini poveri, senza sapere che quel suo soggiorno avrebbe suscitato poi tante polemiche. Alcuni magnifici alberi ai quattro angoli della piazza negli anni scorsi sono deceduti, e li si è sostituiti con altri. Qui c'è ancora qualche cabina telefonica nei pressi dell'edicola, e qualcun'altra dove la mattina si tiene il mercato, uno tra i più cari della città. Una sera dell'estate scorsa su Piazza Carlina pioveva e però allo stesso tempo c'era il sole, e i colori degli edifici cambiavano da un minuto all'altro, mentre in cielo l'arcobaleno collegava la collina alla Mole Antonelliana. Lo spettacolo, gratuito, è stato visto da pochi: si era in vacanza magari in luoghi esotici e intanto ci si perdeva qualcosa di indimenticabile. L'aiuola di Piazza Carlina è frequentata da proprietari di cani con cane al seguito. Il seguito è facilmente immaginabile. Se desiderate raggiungere il monumento al centro dell'aiuola, occhio a dove mettete i piedi. Tenete inoltre presente che i proprietari di cani con cani al seguito si avvicinano in genere alla piazza percorrendo Via Des Ambrois lato Via San Massimo. Strade su cui si affacciano palazzi che contengono i famosi ballatoi.

In piedi o seduti su sedie sdraio e seggioline, la sigaretta in bocca o i bigodini tra i capelli, una copia di «Tuttosport» sotto braccio o un bicchiere di barbera in mano, sui loro ballatoi certi torinesi non hanno mai mancato di lamentarsi: degli inquilini del piano di sopra, che fanno rumore, scuotono tovaglie grondanti briciole, stendono panni che gocciolano; e degli inquilini del piano di sotto, che si lamentano perché dal piano superiore e cioè dal loro arrivano rumori, briciole e gocce, come se uno a casa sua non fosse libero di muoversi, scuotere la tovaglia o stendere i panni. Le case con ballatoio, e soprattutto con ingresso dal ballatoio, dette anche 'di ringhiera', sono per Torino ormai mitiche. Risalgono in gran parte all'epoca dello sviluppo industriale della città, e ce ne sono ancora tantissime in quartieri come Vanchiglia, che da Piazza Carlina dista pochi minuti. Nelle case con ballatoio abitava un tempo quella Torino popolare che come usa dire «ormai non c'è più»: basta che non andiate a dirlo a quelli che nelle medesime case con ballatoio vivono ancora oggi, almeno in certe zone dove le case con ballatoio *popolari* sono rimaste, eccome. Leggendo le pagine di cronaca dei quotidiani cittadini, salta agli occhi come, da che esistono, i ballatoi siano spesso teatro di furenti litigi; eppure, al di là di quello che scrivono i giornali, nel corso dei decenni non devono essere stati pochi neanche gli innamoramenti tra vicini di ballatoio.

Resta il fatto che le case con ingresso dal ballatoio costano in genere meno di quelle con ingresso non dal ballatoio, vuoi per evitare pubblici odi, vuoi per evitare clandestini amori. Ma anche, e forse pensandoci bene soprattutto, per evitare spiacevoli furti. La recente invasione del centro storico della città a opera di autentiche torme di *nouveaux* ma anche *anciens riches* ha infine reso *très chic* alcuni ballatoi anche tra chi mai li aveva praticati.

Elencare qui di seguito tutte le vinerie che di recente hanno invaso il centro di Torino non è possibile. Nella stragrande maggioranza dei casi naturalmente non hanno nulla a che vedere con le care, vecchie 'piole', dove fino agli anni Settanta i torinesi andavano a bere un bicchiere di vino rosso spesso sfuso accompagnato da due tomini 'elettrici' o da quattro acciughe 'al verde'. In questo senso, la Bocciofila in Corso Casale è uno degli ultimissimi esemplari ancora esistenti. Per il resto si tratta di imitazioni: alcune riuscite, altre no. Sempre parlando di cantine, però, a Torino c'è anche un bunker. O per meglio dire un rifugio antiaereo risalente alla seconda guerra mondiale. Se ne sta nascosto sotto le altalene di una piazzetta alberata non distante da Via Cibrario. Malgrado la sua atipicità di bunker in quanto bunker difensivo, il bunker in oggetto è perfetto in veste di bunker antiaereo, e restituisce benissimo, con la stretta scala che si addentra sempre più giù nel sottosuolo tra umide pareti di cemento, e il buio che ti inghiotte mentre non sai se riuscirai più a rivedere la luce del giorno, il terrore provato dalle persone che sessant'anni fa erano costrette a rifugiarvisi. Ci si immagina la concitazione e la fretta e le spinte e i passi e l'incespicare e le urla e i pianti e le imprecazioni e il respiro affannoso e l'angoscia e le risa isteriche e i cappotti buttati sui pigiami e le sciarpe e i cappelli e le ciabatte e le vestaglie e gli inviti alla calma e le sirene e il rombo degli aeroplani e l'eco delle detonazioni e le parole sussurrate e le canzoni fischiettate e le barzellette accennate e il sudore e gli attacchi di panico e gli schiaffi e la sete e la fame e la nausea e il vomito e la puzza e le favole e.

Il solaio

Il solaio a Torino contiene le cose che normalmente si mettono in solaio. Ovvero che in linea di massima bisognerebbe buttare. La stazione di Porta Susa, così com'è, verrà buttata presto, per essere sostituita da una nuova stazione con l'identico nome ma totalmente diversa, a cominciare dal collegamento con la linea della metropolitana che collegherà Torino a Collegno. La vecchia Porta Susa, edificata nel 1856, si limitava a collegare Torino alla Francia e a Venezia. La nuova Porta Susa, pensata in funzione di quell'alta velocità che tanto preoccupa i sindaci dei territori interessati e gli ecologisti a causa delle sue ripercussioni sull'ambiente, sarà la stazione principale della città insieme con quella del Lingotto. Gigantografie ne illustrano il futuro assetto, previsto appunto per il 2006. Se ci fate caso, davanti a questo tipo di prospetti illustrati è difficile orientarsi, non tanto per la difficoltà di immaginarsi le meraviglie architettoniche future al cospetto delle macerie o dei lavori in corso d'oggi, ma per via della gente che popola i prospetti medesimi, che non ha nulla a che fare con la gente che popola la realtà. Per dire: nei prospetti illustrati delle stazioni non ci sono mai né senzatetto né tossicomani, e nemmeno passeggeri sovrappeso, o con i brufoli. Comunque: ora come ora la vecchia stazione contiene una biglietteria, un bar, un'edicola, un tabaccaio, un fast food, un punto Telecom, una sala d'aspetto, un posto di Polizia, un sottopassaggio, alcuni binari. Dal terzo binario si prendono i treni per Venezia o Padova o Brescia, ma soprattutto per Milano. A Milano, nonostante Internet e le famose Meraviglie della Rivoluzione Informatica, lavorano loro malgrado molti torinesi. E i treni per Milano, e quelli da, sono specie in determinati orari stracarichi di pendolari, quotidianamente costretti a viaggiare in piedi per lunghi tratti.

Che poi i treni italiani, indipendentemente da chi li utilizzi, sono ormai i più sporchi d'Europa, forse perché grazie ai tagli operati da Trenitalia il personale addetto alle pulizie è clamorosamente diminuito, e molto spesso i treni ripartono dopo un lungo viaggio senza alcun intervento da parte di alcuno. I sedili dei vagoni dei treni sulla tratta Torino-Milano sono ormai da anni ridotti in uno stato che è un eufemismo definire pietoso, per tacere molto spesso com'è ovvio dei bagni. In genere gli unici treni decenti a Torino si prendono quando arrivano dalla Francia e sono treni francesi diretti in Italia, e non treni italiani di ritorno dalla Francia. Ma questo accade solo raramente, e in genere la prima cosa che i torinesi cercano disperatamente di fare una volta scesi da un treno preso a Torino è una doccia.

E poi certo tra le cose da mettere in solaio o meglio da buttare ci sarebbe il cosiddetto Palazzaccio. Il cosiddetto Palazzaccio è composto da vetro, cemento, mattoni, acciaio, plastica, legno, silicone, più una serie di impiegati, che però non fanno parte della struttura se non durante l'orario di lavoro. Il Palazzaccio sta tra la Porta Palatina e il Duomo. E, volendo catalogarlo, grande è l'imbarazzo. In quale categoria inserirlo? Tra gli Edifici? Tra le Bellezze? Tra gli Errori? Tra gli Orrori? Tra gli Intoccabili? Tra gli Improponibili? Tra gli Scherzi? Tra i Brufoli? Tra i Ma Mi Faccia Il Piacere? Tra i Cucusettete? La letteratura, in merito, non è chiara. Abbatterlo non è possibile, malgrado le pressanti richieste in tal senso da parte della popolazione: l'ha progettato il decano degli architetti torinesi, e dunque non si tocca. L'amministrazione comunale pensa sia possibile un compromesso, anche perché il compromesso è la sola 'arte' in cui eccellono di solito i politici, e perciò ha incaricato un noto studio d'architettura di studiare un qualche sistema per coprire l'edificio. Lì per lì è spuntato il progetto per la costruzione di un porticato. Un orrore al quadrato. Voi andate in Via XX Settembre, dove sorge il cosiddetto Palazzaccio, e prendete atto. Si suggerisce di osservarlo senza paraocchi e a prescindere dal nome di chi lo progettò, e di chiedersi se lo si vorrebbe mai vedere di fronte alle finestre di casa propria.

Dato che buttarlo giù non si può, il cosiddetto Palazzaccio deve avere un qualche valore architettonico. E non si capisce perché non pubblicizzarlo, in Italia e altrove. Se non lo si deve toccare, evidentemente il cosiddetto Palazzaccio è anzi addirittura indicato quale reclame per le meraviglie architettoniche di Torino. Esso si presta ben più della Mole, della Collina, di Piazza Carignano, di Piazza Vittorio o di Palazzo Reale a propagandare nel mondo l'immagine della nostra elegante e raffinata città. Ci si chiede perché mai gli Enti Preposti non ci abbiano pensato. Altro che le pubblicità con le Luci d'Artista! O quelle con il Museo del Cinema! A Torino c'è una cosa Unica e non sappiamo nemmeno reclamizzarla! Il Museo Egizio, per dire, è solo il Secondo al Mondo dopo quello del Cairo! Ma il cosiddetto Palazzaccio è al Primo Posto Assoluto, non ha paragoni! E certo che i turisti non arrivano a frotte! Che gli si mostri il cosiddetto Palazzaccio, e allora sì che intaseranno l'aeroporto di Caselle e le stazioni! Mica c'è bisogno di aspettare le Olimpiadi!

Durante una recente guerra balcanica ci fu chi a Torino si augurò un bombardamento chirurgico, mirato e intelligente del punto di Via XX Settembre in cui sorge il cosiddetto Palazzaccio, ovviamente notturno, in modo da non danneggiare gli impiegati. Niente da fare. I bombardamenti chirurgici, mirati e intelligenti da sempre colpiscono i civili innocenti, non gli edifici colpevoli.

Ma il cosiddetto Palazzaccio non è solo, purtroppo. Se proprio avete tempo, andate a dare un'occhiata in Via Corte d'Appello al vecchio Palazzo di Giustizia. Poi correte in Corso Vittorio Emanuele II, e confrontatelo col nuovo. Spingetevi anche in Via Cigna dalle parti dei Docks Dora, e rendetevi conto della foggia dei nuovi condomini. Poi tornate in centro, e controllate di persona com'è diventato il già citato Piazzale Valdo Fusi: su cui però vale la pena di tornare. Esso infatti è l'esempio imperituro del genio straordinario dei nostri abilissimi architetti e geometri, degni eredi di Leonardo, dello Juvarra e del Palladio. Qui, a coronamento di questo capolavoro dell'architettura contemporanea destinato come i condomini sulle varie Spine a richiamare folle oceaniche di turisti e di urbanisti, oltre che naturalmente a finire nei testi di detta disciplina, è stata edificata pure una baita, sfortunatamente sprovvista dei relativi sette nani. Grazie al parcheggio di Piazzale Valdo Fusi e ai condomini delle varie Spine, Torino è destinata sicuramente a surclassare, a detta degli esperti, città come Barcellona e Berlino, e probabilmente a diventare in futuro un polo d'attrazione pari se non superiore al Cairo con le sue Piramidi.

Corso Vittorio Emanuele II, detto comunemente Corso Vittorio, è il principale corso cittadino, e taglia in due una bella fetta di Torino, dal Po all'inizio dei quartieri periferici. Costruiti alla fine dell'Ottocento secondo l'esempio dei grandi boulevard parigini del barone Haussmann, in modo da facilitare la repressione di eventuali rivolte e rivoluzioni data la difficoltà di edificarvi barricate da parte degli eventuali rivoltosi o rivoluzionari, i corsi torinesi così dritti e alberati colpiscono molto i visitatori. Su Corso Vittorio Emanuele II si affacciano anche le carceri cosiddette Nuove ma in realtà vetuste. All'incrocio con Corso Galileo Ferraris sorge l'imponente monumento a Vittorio Emanuele II. Percorrere Corso Vittorio da cima a fondo significa comunque attraversare la città non soltanto orizzontalmente ma anche verticalmente o se si vuole obliquamente. Da un'estremità all'altra si va dalla pre-collina alla periferia e si incontra la cosiddetta 'varia umanità': marchesi, contesse, liberi professionisti, concessionari, patiti del jogging, spacciatori, tossicomani, scippatori, impiegati, prostitute, clandestini, parrucchiere, ambulanti, dirigenti, bottegai, venditori di enciclopedie o simili, rappresentanti, studenti, ferrovieri, di nuovo spacciatori, di nuovo tossicomani, di nuovo scippatori, barboni, volontari, disoccupati, pendolari, turisti, baristi, tassisti, edicolanti, commesse, panettieri, farmacisti del turno di notte, di nuovo tossicomani, di nuovo studenti, di nuovo dirigenti, pasticceri, cassiere, consoli, di nuovo impiegati, di nuovo marchesi, di nuovo contesse, di nuovo patiti del jogging, cani di ricchi, *au pair* di bambini ricchi, bambini ricchi, colf peruviane, camerieri filippini, di nuovo liberi professionisti, di nuovo dirigenti, tecnici informatici, professori universitari, di nuovo baristi, fattorini d'hotel, benzinai, guardie carcerarie, autisti di pullman, di nuovo patiti dello jogging, bibliotecari, giostrai, di nuovo prostitute, protettori, di nuovo commesse e in particolare di profumeria, signore col cagnolino, medici, specialisti, controllori dell'ATM, di nuovo concessionari, pizzaioli, di nuovo baristi: dopo di che Corso Vittorio finisce in Corso Francia e il tutto termina lì.

Di un paio di corsi torinesi, ovvero Corso Re Umberto e Corso Galileo Ferraris, per gli amici e gli habitué Corso Galfer, si dice che sia possibile valutare con un buon margine di approssimazione l'ammontare della ricchezza di chi vi abita a seconda del numero civico della sua casa: che, quando inferiore o vicino al 100, sarebbe garanzia di grande solidità. Di altri corsi, invece, tipo Corso Giulio Cesare o Corso Vercelli o Corso Grosseto, non si dice nulla di simile. In certi corsi torinesi c'è chi ci va soltanto la notte ed esclusivamente in automobile, per affittare corpi di ragazze o per partecipare a gare di velocità.

Dopo di che fosse per me butterei i fast food, che con Torino proprio non c'entrano niente. Anche se ormai si trovano pure a Siena, proprio in Piazza del Campo. Torino ha resistito alla colonizzazione culinaria targata Big Mac più a lungo di Mosca, Pechino e Bombay. E però prima di esse ha ospitato un paio di locali della catena Burghy, coltivando dunque la cosiddetta serpe nel cosiddetto seno. Il colpo più duro inferto a Torino dai fast food si è registrato in Piazza Carignano. Dove di fast food non ce ne sono: e però ce n'è uno in Piazza Castello angolo Via Accademia delle Scienze, e si sente. Piazza Carignano senza la puzza di hamburger era una cosa, piazza Carignano con la puzza di hamburger è un'altra. Qui non si discute della dieta di chi desidera imbottirsi di carne pressata e patatine fritte nell'olio rifritto decine, per non dire centinaia, di volte: ciascuno è libero di ingozzarsi come vuole, finché non lede la libertà di ingozzarsi altrui. Qui, semmai, si discute della libertà di starsene seduti sulle panchine di una delle più belle piazze di Torino senza respirare la Mac-aria proveniente dalle Mac-cucine del Mac-ristorante. In Piazza Carignano, talvolta, farebbe piacere fermarsi. A leggere un libro. Mangiare un gelato. Chiacchierare con un'amica. Senza però dover inalare per forza la Mac-aria. E invece no. A Torino Piazza Carignano è diventata ormai da anni sinonimo di Mac-aria. Certi pomeriggi appena un poco ventosi, a seconda della direzione che di volta in volta assume la leggera brezza assegnata dal destino a questa nostra città circondata dalle montagne, ci si sorprende, in Piazza Carignano, a respirare normalmente il caro vecchio mix di ossigeno e smog. Sbigottiti, si cede allora alla tentazione di sedersi come ai cari vecchi tempi sulle panchine sotto al monumento. Ma poi in genere la leggera brezza muta direzione e la Mac-aria torna a permeare sia l'ossigeno sia lo smog, e a fagocitare la piazza e gli apparati respiratori dei suoi occupanti. Piazza Carignano, al momento, è frequentabile in realtà soltanto di notte, ovvero durante le ore in cui il fast food chiude. Ma è facile immaginare che nel corso degli anni, dei decenni e poi dei secoli la Mac-aria arriverà a impregnare totalmente ogni singolo edificio intorno alla piazza, Teatro e Palazzo Carignano compresi. Così che anche durante le ore notturne, i discendenti degli attuali torinesi non potranno fare a meno di respirare quello che per loro sarà diventato la tipica aria di Piazza Carignano. Loro, poveretti, non avranno neppure memoria della Piazza Carignano ante-Mac-aria. Non sapranno che cosa si sono già persi.

Su Piazza Carignano si affaccia Palazzo Carignano, concepito dal Guarini nel 1679 su incarico di Emanuele Filiberto di Savoia Carignano, antenato del futuro re Carlo Alberto. Palazzo Carignano è riconoscibile per via dell'ondivaga facciata di mattoni rossi. Lì nacque Vittorio Emanuele II, lì c'è il Museo del Risorgimento e lì dov'era il Parlamento Subalpino si pensò di ospitare nel 1865 il primo Parlamento dell'Italia unita: che tuttavia nell'aula di Palazzo Carignano, completata nel 1871, non si riunì mai, perché nel frattempo la capitale era diventata prima Firenze e poi Roma. Tra i cimeli conservati in loco, il torchio tipografico con cui Santorre di Santarosa stampò la richiesta di Costituzione, rigettata da Carlo Felice per essere concessa a distanza di quasi trent'anni da Carlo Alberto. In Piazza Carignano ci sono anche la gelateria Pepino, che anticamente stava in Piazza Solferino e che è vanto dei torinesi che amano i primati in quanto gelateria che inventò il 'pinguino', gelato ricoperto da un sottile strato di cioccolato molto amato da Mussolini che se lo faceva arrivare a Roma, e il Ristorante del Cambio, il quale deve il suo nome al fatto che un tempo lì c'era una stazione di posta per il cambio dei cavalli. Volendo, al Cambio potete mangiare al tavolo dove abitualmente sedeva Cavour. La statua al centro della piazza raffigura un altro protagonista del Risorgimento, Vincenzo Gioberti, cui è intitolato uno dei più famosi licei della città, dove studiò Gobetti. L'altro è il D'Azeglio, dove hanno studiato Leone Ginzburg, Cesare Pavese e Norberto Bobbio.

Chi da ragazzo a Torino ha frequentato il Gioberti tende poi a frequentare nella vita adulta soprattutto ex allievi del Gioberti. Chi da ragazzo a Torino ha frequentato il D'Azeglio tende poi a frequentare nella vita adulta soprattutto ex allievi del D'Azeglio. Ciò fa parte della tradizionale compartimentazione stagna cui da sempre e volontariamente si sottopongono gli abitanti della città di Torino. Compartimentazione stagna che ha qualcosa di stoico: perché è necessaria una buona dose di stoicismo per frequentare di propria spontanea volontà sempre gli stessi 'giri' e gli stessi posti, le stesse persone e le stesse feste. Col risultato che le facce sono per l'appunto sempre le stesse, che si vada a un rave party o all'inaugurazione di una mostra, all'aperitivo nel locale appena aperto o alla messa delle dieci. O forse non si tratta tanto di stoicismo, ma di una congenita, e per certi versi inspiegabile, mancanza di curiosità: perché altrimenti limitarsi a praticare il già noto, il già visto, il già sentito e il già detto, senza mai mettere in discussione le proprie abitudini e le proprie certezze? Chissà. Un amico romano che da una vita va in vacanza a Giannutri un giorno mi ha raccontato che a Giannutri c'è proprio la spiaggia 'dei torinesi', che tutti gli anni in vacanza a Giannutri si trovano fra loro, evitando qualsiasi contatto con il resto dell'isola. Anche questa forse sarebbe una cosa da mettere in solaio o meglio ancora da buttare. Ma conoscendo i torinesi non accadrà mai.

Una sera a Lucca ho conosciuto un dirigente del San Paolo. Ah, lei viene da Torino, mi ha detto. Sì, io vengo da Torino, ho ammesso. Sa, ha continuato lui, io a Torino ho lavorato per più di dieci anni. Però, ho esclamato io. Ho dei bellissimi ricordi della città, ha aggiunto lui, ma pensi che in più di dieci anni i miei colleghi torinesi non mi hanno mai invitato a una cena in casa: per più di dieci anni, anche quando ci si trovava con le mogli, a Torino i miei colleghi torinesi mi hanno sempre portato al ristorante.

Una cosa che andrebbe messa in soffitta a Torino, e volendo anche buttata, è la 'madama taurinensis isterica'. Riconoscerla, anche per chi viene da fuori, è facile. La 'madama taurinensis isterica' porta i capelli invariabilmente a caschetto e viaggia dotata di pelliccia e borsetta di gran marca. Gli uomini, torinesi e no, in genere li odia: almeno da quando il suo se n'è andato anni fa con una giovane russa. Le donne, torinesi e no, in genere le invidia: perché o sono più giovani o sono più belle o hanno la pelliccia più lunga o hanno la casa più grande o hanno la donna delle pulizie più brava o hanno un marito che non le ha ancora piantate o hanno l'ultimissimo modello di borsetta di gran marca, e si sa che l'ultimissimo modello di borsetta di gran marca rende obsolete nel breve giro di una stagione tutte le altre borsette di gran marca, comprese quelle possedute dalla 'madama taurinensis isterica'. Quanto ai bambini, la 'madama taurinensis isterica' li detesta a priori, anche se in presenza di bambini di altre 'madame taurinensis isteriche' si atteggia a benefattrice e adoratrice dell'infanzia. Evitare la 'madama taurinensis isterica' a Torino purtroppo non è possibile: le 'madame taurinensis isteriche', ancorché concentrate in particolare in centro, imperversano dappertutto; tranne che a Mirafiori, alla Falchera e alle Vallette, naturalmente.

Il garage

Il garage, a Torino, oggi come oggi va di moda sotterraneo: per cui fervono gli scavi o a seconda dei casi fervevano fino a ieri o all'altro ieri, e dei luoghi deputati a ospitare nel sottosuolo le auto dei torinesi si è già detto. Ma il garage di Torino, quando a Torino l'unico parcheggio sotterraneo era quello sotto Via Roma e a nessuno veniva in mente di adoperarlo fatta eccezione per i dipendenti della «Stampa» all'epoca in cui il giornale aveva sede in Galleria San Federico, dove oggi è rimasto solo l'ufficio abbonamenti, una volta era la centralissima Piazza Castello. Anzi, per la precisione era Piazzetta Reale, quella che in Piazza Castello sta di fronte a Palazzo Reale, anche se nessuna targa ufficiale la segnala. Ma state tranquilli: Piazzetta Reale la trovano tutti, magari per caso uscendo dal retrostante Duomo, a cui è collegata da un passaggio. O magari grazie a quell'imbrattatore di muri che evidentemente provvisto di un inesplicabile senso civico, forse lo stesso che in Via Eleonora Duse ha segnalato a pennarello come imboccando la medesima da Via Principe Amedeo si possa raggiungere grazie a una galleria Piazza San Carlo, ha scritto sempre a pennarello su un muro di Piazzetta Reale le parole PIAZ-

ZETTA REALE. Ad ogni modo: il garage di Torino, si diceva, una volta era lì.

A sinistra, Piazzetta Reale è delimitata da Palazzo Chiablese. Fu l'architetto Benedetto Alfieri a ristrutturare a metà del Settecento i rimaneggiamenti secenteschi dell'originario corpo medievale, senza immaginare che sotto Napoleone proprio lì si sarebbe stabilita la consorte del governatore Camillo Borghese, ossia l'inquieta Paolina Bonaparte. Giusto per un paio d'anni: perché a Torino la poveretta si annoiava. Piazzetta Reale però si chiama così perché tra lei e i Giardini Reali si trova Palazzo Reale. In breve, questa è la storia: nel 1583 Emanuele Filiberto decise di stabilire a Torino la capitale del ducato, e di costruirvi un palazzo ducale. Tra tutti gli architetti che parteciparono all'apposito bando di gara, vinse Ascanio Vitozzi da Bolsena. Non si hanno notizie di 'bustarelle'. La facciata venne terminata già nel 1586. E per tutto il Seicento a Torino si successero artisti e artigiani anche fiamminghi o francesi, chiamati dai Savoia ad abbellire la loro residenza. Nel 1668 Guarino Guarini completò sull'abside della chiesa di San Giovanni, l'odierno Duomo, la cappella destinata da lì in poi a ospitare la Sindone, scampata anni fa a un incendio ma tuttora ridotta a mozzicone. Con l'incoronazione a re di Sicilia di Vittorio Amedeo II, nel 1713, il palazzo già ducale diventò finalmente Palazzo Reale. Nei successivi vent'anni, toccò a Filippo Juvarra lasciare il segno del suo genio all'interno dell'edificio, ad esempio con l'audace sdoppiamento della celebre Scala delle Forbici, con cui risolse l'apparentemente insolubile problema di costruire uno scalone monumentale in uno spazio decisamente angusto, almeno per contenere uno scalone monumentale. Allo Juvarra si susseguirono oltre a Benedetto Alfieri altri architetti, ma con lo spostamento della capitale d'Italia prima a Firenze e poi a Roma Palazzo Reale perse la sua funzione.

La facciata di Palazzo Reale, che solo di recente ha riacquistato il suo colore originale all'interno del progetto destinato a restituire al centro storico di Torino le tinte di un tempo, come testimonia il volume *Torino, i colori dell'antico*, edito da Umberto Allemandi, dà non solo su Piazzetta Reale ma anche su Piazza Castello. Al centro di Piazza Castello c'è Palazzo Madama, il maniero che dà il nome alla piazza, e che però in effetti è tre manieri in uno: romano, medievale e barocco. Già Porta Pretoria quando Torino era una cittadella militare pullulante di legionari ed era conosciuta come Julia Augusta Taurinorum, Palazzo Madama venne trasformato in castello medievale da Ludovico d'Acaja nel Quattrocento. La Madama che dà il nome all'edificio, Maria Cristina di Francia, reggente del figlio Carlo Emanuele II, vedova di Vittorio Amedeo I e sorella di Luigi XIII, vi si stabilì nel 1637. Dopo di che, Carlo di Castellamonte realizzò il salone di rappresentanza coprendo la corte interna. A questo punto ci si sarebbe anche potuti fermare. E invece no. Perché la seconda Madama, Maria Giovanna Battista Savoia Neumurs, ordinò nel 1718 al nuovo architetto di corte Filippo Juvarra di rimettere mano al maniero. Lo Juvarra obbedì, ma nel giro di tre anni i lavori si fermarono. Risultato: Palazzo Madama si ritrovò con uno scalone e una facciata barocchi, un corpo centrale medievale e un paio di torrioni di epoca romana. A Torino non lo sapevano, ma con largo anticipo sui Sugarhill Gang avevano inventato pure il remix. Il Museo Civico d'Arte Antica ha sede a Palazzo Madama dal 1934. Prima del museo erano venuti la Pinacoteca Regia, il Senato Subalpino, quello del Regno d'Italia e la Corte di Cassazione. Attualmente Palazzo Madama è ancora parzialmente in ristrutturazione, e sarà riaperto interamente al pubblico nel 2006. Tra le altre cose, contiene il *Ritratto di ignoto* di Antonello da Messina (1476) e miniature di Hubert e Jan Van Eyck, due fiamminghi da urlo. La sera, quando fa buio, la bianca facciata dello Juvarra illuminata dai riflettori è decisamente notevole.

Oltre a Palazzo Madama in Piazza Castello ci sono una galleria, un cinema, un teatro, un monumento che come sapete già in assenza di *skatepark* in città è suo malgrado anche uno *skatepark*, una biblioteca che tra le altre cose custodisce la celeberrima raccolta di disegni di Leonardo da Vinci tra cui l'*Autoritratto* a sanguigna, un paio di sedi istituzionali, svariati bar, un caffè storico di dimensioni minuscole ma di fascino enorme conservato con una cura che soprattutto di questi tempi ha del commovente, tre edicole, quattro fontane che in certi periodi dell'anno non si vedono ma ci sono, una libreria, la focacceria di Salvatore specializzata nella focaccia di Recco che lì è meglio di quella di Recco, dove tra l'altro si mangia la migliore pizza al taglio della città, più un tot di altri esercizi commerciali. La *patinoire* che per qualche anno ha fatto parte del paesaggio della piazza è sparita. In compenso, in base alle foto satellitari scattate dalla NASA, si registra in questo luogo la più alta concentrazione di jeanserie e di negozi di scarpe dell'intero pianeta.

Piazza Castello anni fa era un'enorme autopista, nel senso che le auto giravano intorno a Palazzo Madama dando ai torinesi la possibilità di sperimentare una delle esperienze più divertenti tra quelle offerte dal traffico cittadino, che per il resto è un fenomeno assai poco divertente. Poi due lati della piazza sono stati chiusi al traffico, e ora l'autopista non c'è più. Per un certo periodo, in Piazza Castello sono state posate delle aiuole. Non erano male. Poi l'amministrazione cittadina ha cambiato idea e le ha tolte, sostituendole con una spianata di pietra ornata da quattro fontane 'a scomparsa', quelle che le tivù inquadrano d'estate quando fa caldo per far vedere che a Torino fa così caldo che c'è gente che cammina sulle fontane sprizzanti acqua dal selciato, più una serie di fioriere e svariate panchine. Risultato: le panchine sono è vero assai gettonate, ma la piazza non ha un suo equilibrio, una sua unità. Per tacere di quando ci mettono i famigerati gazebo dei vari festival, da quello dei telefonini cellulari a quello della cioccolata: i famigerati gazebo stuprano Piazza Castello, così come stuprano Piazza Carignano e Piazza Vittorio. Ma non c'è verso. Non appena ci mettono i famigerati gazebo, Piazza Castello si riempie di gente. Dunque i famigerati gazebo continuano a metterceli. Perché, metaforicamente e soprattutto elegantemente, la democrazia funziona così: se alla maggioranza piace la merda, la merda deve piacere a tutti. E guai a dire che la merda ti fa schifo: passi per uno snob, o peggio per un antidemocratico. Che poi, in democrazia, non si vede perché non si possa essere snob o antidemocratici.

Piazza Castello, che poi è la piazza principale della città, per così dire il suo biglietto da visita nei confronti dei tanto agognati turisti olimpionici e non, è stata ridotta dal nuovo che avanza così com'è ridotta. E perfino il caro vecchio Caffè Baratti & Milano, quello dove andava Guido Gozzano a innamorarsi delle signorine, quello dove una volta una mia amica punk ha preso degli eccitanti per entrarci talmente la intimidivano la sua bellezza e il suo fascino, quello dove facevano la panna montata a mano, una cosa assolutamente divina, credetemi, è diventato altro. Sparito il bar nella Sala dell'Orologio, sparite le paste e i cioccolatini nelle vetrinette di quella che una volta era la pasticceria, spariti i vecchi tavolini nell'ingresso. E la panna ora non la fanno più a mano: esce da una macchinetta.

Perché in Italia in realtà i locali storici non sono tutelati come si dovrebbe. E se un giorno Baratti & Milano venisse comprato da uno stilista e trasformato in uno show-room, non ci si potrebbe fare niente. Salvo forse una raccolta di firme. Piazza Castello, in questo senso, sarebbe il luogo ideale. Da anni e anni e anni non passa giorno senza che non ci mettano un nuovo banchetto di quelli dove si raccolgono le firme dei passanti. Un banchetto che raccolga le firme contro i banchetti che raccolgono le firme dei passanti, ecco, quello ancora non ce l'hanno messo. Ma è l'unico.

Un posto che a Torino potrebbe esserci ma non c'è è un caffè in Piazza Castello, di quelli col dehor, un immenso dehor di fronte a Palazzo Madama. I camerieri dovrebbero essere eleganti come quelli di Mulassano o di Fiorio o di Platti, e le sedie e i tavolini non dovrebbero essere di plastica rossa magari sponsorizzata da una nota multinazionale delle bibite gassate, come accade altrove. Il locale dovrebbe essere progettato da un designer di quelli bravi, a me viene in mente il Philippe Starck che a Parigi negli anni Ottanta progettò un locale entrato nella leggenda, anche perché oggi non esiste più, il Cafè Costes a Les Halles. Piazza Castello di Torino è come si dice la vetrina, o meglio il cuore. Paragonabile, volendo, a Piazza San Marco a Venezia o Piazza del Duomo a Milano o Piazza di Spagna a Roma. Gli unici bar con un dehor sulla piazza se ne stanno sul fianco di Palazzo Madama. Davanti a quei dehor scorre il traffico dei tram, degli autobus e delle auto. Di fronte al vecchio maniero, invece, dove il traffico non scorre, niente. In compenso, di fianco alla focacceria di Salvatore specializzata nella focaccia di Recco che lì è meglio che a Recco, c'è un negozio dalle enormi vetrine piene di mutande e pedalini.

In Piazza Castello ci sono la Biblioteca Reale, quella con lo scalone di Benedetto Alfieri e i disegni di Leonardo da Vinci, e l'Armeria Reale, che contiene la collezione di armi e armature appartenute ai Savoia. E poi c'è la Galleria Subalpina. Molti torinesi confondono la Galleria Subalpina con la Galleria San Federico. Altrettanti, assai probabilmente gli stessi, confondono la Galleria San Federico con la Galleria Subalpina. Riconoscerli è facile: basta passare a più riprese per le due gallerie. Loro sono sempre lì, e controllano nervosamente l'orologio. Chissà in quale galleria si erano dati appuntamento, e con chi. Perché in effetti può anche darsi che chi aspetta a volte sappia perfettamente in quale galleria si trova ad aspettare. È la persona aspettata che invece non sa dov'è che la stanno aspettando. Ad aumentare la confusione, in entrambe le gallerie c'è un cinema. Quindi sia nell'una sia nell'altra è possibile darsi appuntamento di fronte al cinema. Comunque: la Galleria Subalpina, la cui denominazione completa è in realtà Galleria dell'Industria Subalpina, porta da Piazza Castello a Via Cesare Battisti. Progettata e costruita da Pietro Carrera nel 1873 e coperta da una struttura in ferro-vetro, ricorda i *passages* parigini tanto cari al Walter Benjamin di *Parigi capitale del XIX secolo*. La casa con l'appartamento al terzo piano in cui visse Friedrich Wilhelm Nietzsche è appena fuori dalla galleria, all'angolo tra Via Cesare Battisti e Via Carlo Alberto. La Galleria Subalpina è la galleria più sexy della città. Con quelle sue sensuali piante verdi. Con quella sua provocante balconata che si fa guardare da sotto in su. Galleria. Subalpina. Non so perché ma anche nel nome c'è qualcosa di sfacciatamente voluttuoso. È sufficiente sussurrarlo dimenticando per un momento il significato, come se si trattasse di un puro suono. Galleria. Subalpina. D'accordo. Lo ammetto. Amo la Galleria Subalpina. Cerco di passarci ogni volta che posso. Sarà per via delle piante, della balconata, delle scale alle due estremità, o anche delle vetrine colorate da libri, quadri, lampadari, tappeti, non lo so. Ad ogni modo non la cambierei con nessun'altra galleria al mondo. Nell'Ottocento era una sorta di bazar. Al posto del Cinema Romano c'era il Caffè Romano, nel cui salone sotterraneo si andava al tabarin. Fuori dal Cinema Romano, tra la fine degli anni Settanta e l'inizio del decennio successivo, come si è detto si trovavano i punk. Oggi invece nei suoi pressi stazionano ostinatissimi venditori arabi di collanine, accendini e fazzolettini, discendenti dei predoni e soprattutto dei mercanti del deserto. In caso di coda alla cassa del cinema preparatevi psicologicamente ad affrontarli. Al piano superiore, visibile oltre la balconata, c'è la sede torinese dell'Aiace, valente associazione di cinefili. E di fianco a un ristorante ci sono le vetrine di un negozio di libri usati che tutti a Torino conoscono come quello dell'Ebreo.

A proposito della Galleria San Federico, di cui in parte si è già trattato, va aggiunto che essa a Torino funge da equivalente della Borsa. Sui monitor installati da una banca sul lato che dà verso Piazza San Carlo, infatti, molti torinesi seguono in tempo reale l'andamento dei mercati, di modo da potersi rendere conto, anche durante la pausa pranzo, anche con un panino in mano, se i titoli del loro portafoglio stiano salendo o scendendo nello spazio di un boccone. Così, non di rado, tonno e carciofini o peperoni e acciughe o speck e roccaverano o melanzane e parmigiano vanno loro di traverso, sia per via dell'euforia provocata da una speculazione andata a buon fine, oggi come oggi evento alquanto raro, sia in seguito alla delusione suscitata da un ulteriore crollo o smottamento dei mercati, oggi come oggi evento alquanto frequente. L'atteggiamento generale dei molti torinesi che sui monitor della Galleria San Federico controllano i loro pacchetti azionari prevede comunque un composto, quasi religioso silenzio, quasi che grazie a una sorta di concentrazione interiore o a tacite preghiere o formule scaramantiche i numeri della Borsa possano mutare a loro favore. La cosa ricorda per forza l'atmosfera imperante in determinati momenti all'interno della sala delle roulette di un casinò, quando separatamente ma collettivamente ci si augura di vedere la pallina arrestarsi in corrispondenza della casella desiderata. Al contrario di quanto accade in tali circostanze, però, è possibile entrare in Galleria San Federico anche senza giacca e cravatta. E d'estate taluni degli investitori si concedono la libertà di indugiare dinnanzi ai monitor in maniche di camicia.

Ma tornando alla Galleria Subalpina col suo Cinema Romano, e per un istante anche ai venditori arabi di collanine e fazzolettini e accendini discendenti dei predoni e soprattutto dei mercanti del deserto, la loro insistenza è tale che molti torinesi quando li avvistano cambiano strada all'ultimo momento. Si tratta di razzismo? Non credo. L'atteggiamento degli ambulanti cinesi o africani, ad esempio, è assai diverso: essi aspettano i loro eventuali clienti in prossimità dei teli su cui hanno esposto, vigili urbani e commercianti permettendo, la loro mercanzia, spesso chiacchierando tranquillamente tra loro, e mai si sognerebbero di praticare il marketing aggressivo dei loro colleghi arabi. La questione, si sa, è complessa: e ha radici storiche e politiche e sociali che per ragioni di spazio qui non è possibile approfondire. In linea di massima, si può ben dire che l'Occidente ha avuto e continua ad avere le sue colpe, e che la politica estera americana eccetera eccetera ecc. È però altresì vero che a Torino non si può più stare in pace a parlare con un'amica o a leggere un libro o un giornale all'aperto, su una panchina, al tavolino di un caffè o di un ristorante, quasi in nessun luogo, in centro: i discendenti dei predoni e soprattutto dei mercanti del deserto, forse contando sul senso di colpa collettivo, non si fermano davanti a nulla, e sono insistenti talora in modo irrefrenabile. Cosa che, a dire il vero, e abbastanza inspiegabilmente per i torinesi, non si riscontra in altre città.

Tra le cose sparite negli ultimi anni da Piazza Castello spicca Maschio, uno dei negozi di dischi più vecchi della città, aperto poco dopo la seconda guerra mondiale e famoso per l'etichetta adesiva color mattone con la scritta bianca 'Maschio' che i commessi di Maschio apponevano sulle copertine degli LP all'epoca degli LP. Possedere un LP con l'etichetta adesiva di Maschio era diverso che possederne uno uguale ma senza etichetta adesiva di Maschio. Oggi al posto di Maschio c'è l'ennesimo negozio di scarpe. Proprio accanto a Maschio, c'era anche un vecchio negozio di tendaggi e stoffe, ora soppiantato dal modernissimo fast food che profuma di Mac-aria la vicina Piazza Carignano. Nessun negozio, credo, ha mai ostentato con tanto coraggio le stesse orribili vetrine per tanti anni consecutivi. I drappeggi esposti sfoggiavano colori così orrendi da non potere essere guardati e si stentava a credere che qualcuno potesse mai averli comprati, anche perché le vetrine non cambiavano davvero mai e la merce esposta era proprio sempre la stessa. Tanto orrore però rendeva in qualche modo quell'angolo di piazza unico e insostituibile, forse perché lì la bruttezza delle stoffe sfiorava l'assoluto. Passando da quelle parti si capiva subito di essere a Torino, in Piazza Castello: non potevano esserci dubbi. Ora invece quello stesso frammento di città appare come un qualsiasi frammento di una qualsiasi altra città. Peccato.

In Piazza Castello resiste Mulassano. Tutti quelli che passano davanti a Mulassano guardano chi c'è dentro. Tutti quelli che sono dentro Mulassano guardano chi sta passando. Il posto è così piccolo che molti sono costretti per lustri a limitarsi a passarvi davanti, prima di riuscire ad entrarci. Quando ci riescono, guardano soddisfatti quelli che stanno passando al di là dei vetri in quell'istante. Mulassano in Piazza Castello ha aperto nel 1907. Lo so, ne ho già parlato, ma non importa. Da Mulassano, bomboniera liberty già frequentata dal solito Gozzano e da Macario oltre che dai Savoia, provate i tramezzini e il vermut. Il giorno che cambiasse anche Mulassano o che ci mettessero un altro negozio di scarpe, mettere piede in Piazza Castello non avrebbe francamente più alcun senso.

E poi, se è di garage che si parla, e di garage stiamo parlando, non si può non citare Piazza Solferino. Sotto i cui ippocastani d'estate anni fa era possibile assistere alle evoluzioni danzerine a cui patiti e patite (non epatite: e staccato patite) del liscio si lasciavano andare pattinando leggeri sull'apposito palchetto. E dove a un certo punto si svolgevano anche minitornei di calcio tra immigrati dall'Europa dell'Est. In Piazza Solferino, intitolata all'omonima battaglia, c'è un parcheggio dei taxi. E lì e nelle vie limitrofe i torinesi parcheggiano quando vogliono lasciare l'auto il più vicino possibile al confine della ZTL, o Zona a Traffico Limitato. In Piazza Solferino, proprio di fronte al Bar Norman, spumeggia la Fontana Angelica. E in Piazza Solferino, in vista delle Olimpiadi invernali del 2006, lo studio di design Giorgio Giugiaro ha progettato e realizzato nei primi anni del XXI secolo Atrium: per chi scrive, la più bella delle opere realizzate a Torino ultimamente. Senza ironia.

Atrium, 6.500 metri cubi di volume per 2.000 metri quadri di spazio nel bel mezzo di Piazza Solferino, somiglia, dicono, a due gianduiotti in vetro, legno e acciaio satinato. Niente di più falso. Se li guardate bene infatti i due gianduiotti non sono tali. Trattasi in realtà di due elmi secenteschi appartenenti a guardie del corpo di Carlo Emanuele I. I due soldati riposavano nel sottosuolo ormai da secoli, ma le scosse telluriche provocate dalle talpe o pale meccaniche usate per la costruzione della metropolitana li stanno portando alla luce. Per il 2006 si prevede la totale emersione di entrambi i soldati. Atrium, struttura trasparente e dunque come Piazza Castello vetrina della città di Torino, il posto dove andare a Torino per farsi un'idea non solo delle trasformazioni urbanistiche destinate a cambiare in questi anni il volto della città, ma anche della sua storia, nonché delle valli che la circondano, dei vari gadget olimpionici, dei prodotti tipici del Piemonte, dei suoi addetti alla security e delle sue hostess. La realizzazione di Atrium è stata naturalmente oggetto di svariate lettere di protesta ai giornali da parte di coloro i quali già non sopportano le installazioni di Luci d'Artista e la fontana Igloo di Mario Merz. Ma per noi che al contrario amiamo sia certe luci sia certe fontane, Atrium, lì nel bel mezzo di Piazza Solferino, ci sta benissimo. Se Piazza Solferino e

Atrium fossero chessò, a Berlino o Londra, i torinesi in gita direbbero però, che bravi, questi berlinesi o londinesi, con tutto questo vetro, questo legno e questo acciaio satinato. Invece Atrium è a Torino. Ah, se altri architetti a Torino avessero avuto il coraggio di chi ha progettato Atrium... Se i nuovi condomini sparsi qua e là nelle zone sottratte al passante ferroviario o alle vecchie fabbriche fossero stati concepiti con uno spirito simile... Oggi la città che aspetta le Olimpiadi invernali e gli olimpionici turisti sarebbe davvero un'altra cosa. In ogni caso, finite le Olimpiadi Atrium sparirà: una scelta coerente, va detto, da parte delle autorità competenti.

E, già che ci siamo, a Torino c'era anche un'autorimessa. Non un'autorimessa qualsiasi. L'autorimessa più bella della città. Se ne stava più o meno a metà di Via Massena: uno splendore in stile liberty. Se il Vate D'Annunzio fosse stato in circolazione e, di passaggio in città, avesse dovuto parcheggiare da qualche parte la sua Isotta Fraschini, l'avrebbe lasciata lì. Ancora: se un posto simile ce l'avessero avuto a Berlino, sarebbe subito diventato un monumento nazionale posto sotto la salvaguardia del ministero competente o un cinema d'essai o un centro culturale multimediale o un locale notturno multipiano. Invece, a Torino, da un giorno all'altro è sparito.

Quello che manca

Quello che manca è davvero tanto, ed è tutta colpa mia. Chiedo scusa. In disordine: manca in Via Bellezia all'angolo con Via Santa Chiara la facciata puzzolente dell'isolato, che seminascosta da pietose lamiere coperte di vecchi e nuovi manifesti ma abbandonata tristemente a se stessa puzza sempre più. Mancano l'edicola sparita da Piazza Emanuele Filiberto e il negozio di biscotti e caramelle di fianco al Pastis. Manca la pasticceria napoletana in Corso Vinzaglio, piccola, bianca e imbottita di specialità sopraffine, dalle classiche zeppole alla classicissima pastiera. Manca il Bordello, loft ai Docks Dora dove grazie a Terry Ann e Marco ho sentito per la prima volta *live* la musica di Thomas Brinkmann. Manca Sindbad Kebab, il miglior kebab della città in Via Milano. Manca Piazza Bodoni con le note che escono dalle finestre del Conservatorio e il pinguino che in Piazza Bodoni è stato rapito: di lui non restano che le tracce, ovvero un alone di vernice a spray blu pinguino sul selciato. Mancano gli splendidi, inquietanti cani e i meravigliosi, tragici cervi di Paolo Grassino. Manca Piazza Statuto con i suoi *mods* e con le carpe e le tartarughe e i pesci gatto nel laghetto ai piedi del monumento ai lavoratori del Traforo del Frejus. Manca Marco del Pastis, il barista più gentile e capace che abbia mai conosciuto. Manca il Goethe Institut in Piazza San Carlo, che a Torino ha portato una quantità di cose interessanti. Mancano i gelati di Gatsby e quelli di Miretti. Mancano i pazzi della città di Torino, che una volta in centro però se ne vedevano di più. Manca una descrizione accurata della Fetta di Polenta dell'Antonelli. Manca il Cinema Centrale in Via Carlo Alberto cui si arriva da Piazza Carlo Alberto oltrepassando un giardino bellissimo protetto da una cancellata nera che somiglia a quella che sta intorno ai Giardini del Lussemburgo a Parigi e ogni volta ti aspetti di vedere la fontana con i bambini che dispongono le barchette a vela davanti al Palazzo del Senato e i campi da tennis e quelli da bocce. Mancano i campi da bocce. Mancano il Bowling di Mirafiori e il Minigolf di Viale Thovez, pieni di tavoli da ping-pong. Manca il supermercato LIDL di Via Carlo Alberto con i suoi prezzi incredibili, barbera d'Asti euro 1,49 mele rosse confezione da 2 chilogrammi euro 1,99 otto rotoli di carta igienica a tre veli euro 1,65 mezzo chilo di spinaci già lavati euro 0,69 quattro muffin al cioccolato euro 1,49 una confezione di penne rigate da 500 grammi euro 0,49 quattro uova fresche grandi euro 0,59 eccetera, con i suoi addetti alla sicurezza che sembrano guerrieri Masai in abito grigio e auricolare e i suoi clienti rumeni, inglesi, francesi, nigeriani, tedeschi, albanesi, camerunesi, spagnoli e persino italiani, che ne fanno il posto più internazionale della città. Manca il centro scommesse sempre in Via Carlo Alberto e proprio di fronte al supermercato LIDL dove vanno quelli che confidando in San Bukowski sperano sempre di svoltare, e alla fine svoltano, ma non come si immaginavano loro. Manca l'ippodromo di Vinovo. Mancano le regge dei Savoia a Stupinigi, Racconigi, Venaria, Carignano. Manca Piazza Palazzo di Città, quella del Municipio dove il martedì sera si danno appuntamento i giocolieri. Manca il mercato delle erbe con i suoi prodotti tipici che si tiene il sabato mattina nella stessa piazza, ma mica tutti i sabati. Mancano quelli che in Piazza Castello la sera si danno appuntamento per suonare le congas. Mancano quelli che in Piazza Castello la sera si danno appuntamento per ballare la taranta. Manca la prima Focacceria Ligure, quella di Via Sant'Agostino, dove Salvatore fa la sua pizza al taglio strabiliante. Manca il circo sulla destra di Corso Giulio Cesare dopo il Ponte Mosca che ogni volta che lo vedo ripenso al *Cielo sopra Berlino* di Wim Wenders e dunque a Berlino e ai bratwurst e alla Potsdamer Platz prima che chiudessero i cantieri. Mancano gli automobilisti che su Corso Giulio Cesare viaggiano d'estate a velocità ridottissima con la mano fuori dal finestrino come usa in Meridione. Manca la pizzeria Il Tegamino che in Corso Giulio Cesare faceva e credo faccia ancora le pizze al tegamino migliori della città. Manca Mister Hu in Via dei Mercanti, il più vecchio ristorante cinese di Torino dove si mangiano sushi e sashimi e risotti thailandesi a livelli eccezionali. Manca il negozio di giocattoli in Corso Francia angolo Piazza Statuto dove una volta compravo le scatole di montaggio dei carri armati. Manca in Via Cigna lo Spazio 211 con il prato, il palco, il mixer, il bar, la consolle, lo schermo per la proiezione di video e immagini, le toilette da campo, il calciobalilla che è un autentico lusso in quest'epoca dominata dalla Playstation e i giochi per bimbi, perché prima di diventare lo Spazio 211 ossia una delle novità più vitali in fatto di musica e altro a Torino lo Spazio 211 era un asilo e non si sa quanto durerà. Manca il Cimitero Generale con i miei ricordi di bambino quando con mio padre andavamo a trovare la nonna e le nefandezze di oggi con le tombe scoperchiate per conto del Comune. Mancano le riproduzioni di solito in peltro della Mole Antonelliana nelle tabaccherie. Manca l'albergo La Primula in Piazza Carignano con le sue stanze cariche di storie e che oggi purtroppo non c'è più. Manca Claudio con il suo negozio di dischi dove vanno tutti i dj della città ma non solo. Mancano le cameriere dei locali del centro, quelle brave come Nuvola e Ire e Monica e quelle no. Manca il miglior cameriere non di Torino ma d'Italia, Mimmo del Fiorio. Manca Ruggiero che credevo si chiamasse Cristiano. Manca Ivan col vecchio Paris Texas in Piazza IV Marzo e col nuovo Barcode in Corso San Martino e quello che sarà. Manca Simone che suonava al Centralino il sabato sera e al Doctor Sax la domenica mattina e che adesso non c'è più. Manca quella volta che in Via Po dopo una carica della polizia durante un corteo contro la guerra in Iraq sono finiti all'ospedale donne e bambini. Manca il mercato di Corso Palestro. Manca Guidino, il principe dei *flâneur*. Mancano i Motel Connection di Pisti, Samuel e Pierfunk col loro singolo *Two* che ha spaccato anche al Filmfest di Berlino. Manca Nicus Lucà, artista straordinario nel vero senso della parola, che poi è fuori dall'ordinario, e che però ha fatto la cartina. Manca una citazione da *Morte nel pomeriggio*, che fa: «Pamplona è cambiata, certo, ma non quanto noi siamo invecchiati», eccetera. Manca proprio una quantità di roba, e mi dispiace molto. Ma non si può mettere tutto, e questo è quanto.

Cantieri

I cantieri sono stati a Torino in questi ultimi anni il più grande spettacolo gratuito messo in piedi dalla città per i pensionati. Ma l'estate scorsa si è organizzato anche un bus pensato per i turisti sull'esempio di un'analoga iniziativa berlinese da Turismo Torino. Il torpedone partiva da Piazza Solferino ogni venerdì alle 14:30 e toccava i cantieri firmati Isozaki, Aulenti, Foster e Fuksas. Costo della corsa dagli scavi per la stazione della metro in Piazza XVIII Dicembre al Palavela dell'Aulenti passando per la Spina Centrale e dunque per il raddoppio del Politecnico, le nuove Officine Grandi Riparazioni, la torre del San Paolo IMI, quella di Trenitalia, e poi ancora per il grattacielo della Regione (al momento in cui scrivo queste righe in forse per via di disaccordi tra Regione e Comune) e Piazza d'Armi col Palahockey di Isozaki, cinque euro. Al di là dei cantieri per la costruzione delle opere olimpioniche, ci sono quelli per le nuove abitazioni, e sono decine, anzi centinaia. Venti nuovi rioni stanno nascendo su aree industriali dismesse. Con le nuove ondate migratorie, Torino ha toccato di recente i 901.952 abitanti, e il piano regolatore del 1995 con le successive modifiche prevede la costruzione di abitazioni per 70.000 persone, con l'idea che presto la città arrivi a superare il milione di abitanti. Così per esempio sull'area della vecchia fabbrica Materferro, tra i corsi Lione, Mediterraneo e Rosselli, dove in teoria dovrebbe sorgere il grattacielo di 110 metri disegnato da Massimiliano Fuksas e dove dal 1906 si cominciarono a produrre carrozze, vagoni, locomotive e in seguito pure la Littorina, oggi spuntano ancora e sempre nuovi condomini, e ovviamente un supermercato di 4.000 metri quadri. Pare che i nuovi inquilini arrivino più che altro dai comuni della cintura, tipo Orbassano. Intanto in quartieri come quello di Villaretto, che nella periferia Nord al confine con la Falchera sta crescendo pure lui, i residenti protestano: perché privi di servizi, negozi, e perfino panchine, alberi. In compenso, prosperano le erbacce. Lì vicino ci sono una fabbrica che smaltisce oli a poche centinaia di metri dalle case e una discarica: e dagli studi condotti dall'Asl 5 risulta che a Torino Nord i casi di tumore siano in aumento. Nel cuore della città, invece, non trova acquirenti il nuovo hotel a cinque stelle in Piazza San Carlo, che dunque non sarà pronto per le Olimpiadi. Mentre appena oltre la Dora una cordata di imprese si è aggiudicata l'area dell'ex Ceat, la fabbrica di pneumatici, che verrà trasformata per accogliere sia abitazioni sia uffici. Altrove, cantieri sono stati aperti nell'area degli ex stabilimenti Lancia, e ancora e sempre nuovi condomini hanno visto la luce dove una volta sorgeva la Framtek, fabbrica di balestre per le sospensioni delle auto tra Via Giordano Bruno e Corso Lepanto. Lì, per separare l'area residenziale dal parcheggio dei mezzi per la raccolta rifiuti dell'AMIAT, si stenderà il nuovo Ecoparco ideato dallo scultore Piero Gilardi, dove suoni, sculture, odori e giochi di luce si fonderanno con la natura. In prospettiva si intravedono cantieri anche fluviali, nel senso che la Provincia ha in animo di rendere navigabile il Po dai Murazzi fino a Carmagnola, trenta chilometri in luogo degli attuali cinque fino a Moncalieri. Certo prima bisognerà ripulire il corso d'acqua dalle alghe. E, parallelamente a tutto questo, la Fillea, ovvero il sindacato edili della Cgil, denuncia il pizzo imposto ai lavoratori sia italiani sia stranieri di alcuni cantieri anche olimpici da vere e proprie organizzazioni di caporalato. Cosa smentita dall'Agenzia Torino 2006, che a fronte delle accuse dei sindacati ha dichiarato per bocca del suo presidente: «Ci tuteleremo davanti alla magistratura». Mentre il Collegio dei Costruttori ha reso noto di essere disponibile a firmare un'intesa con il Comune di Torino «conformemente a quanto previsto dalla legge e dal contratto di lavoro». Che dire? *Mani sulla città* di Francesco Rosi, Leone d'Oro alla Mostra del Cinema di Venezia del 1963, è appunto un film del 1963 ambientato a Napoli. E finisce con le parole: «I personaggi e i fatti sono immaginari, ma autentica è la realtà che li produce». Non resta che sperare che dai cantieri della Torino di oggi non venga mai lo spunto per girarne uno simile. O invece bisognerebbe sperarlo?

Fine

Se per caso decideste di venire a Torino dopo aver letto questo libro, per una breve vacanza o addirittura con l'idea di viverci, spero che queste pagine vi saranno d'aiuto. Torino, da un punto di vista geografico, è in un'ottima posizione. A nord e a ovest, le Alpi sono a un'ora d'automobile. Con il Monviso, da cui sgorga il Po, e il Monte Bianco, il Monte Rosa, il Cervino, il Parco Nazionale del Gran Paradiso. A sud invece le Langhe e il Monferrato, e poco più giù la Liguria, e il mare. Mentre a Parigi, in treno, si arriva in mezza giornata. Torino è poi una vera meraviglia in fatto di architettura, se si escludono gli esempi più recenti. I colori delle sue vie e delle sue piazze sono spesso di una bellezza indescrivibile. Le sue forme barocche hanno un grande fascino. E come ribadito più volte, è una delle città più verdi d'Italia. Quanto ai torinesi, basta seguire alcune regole non scritte, per la verità molto semplici. Non siate spontanei, con loro. Non capirebbero. Non siate troppo aperti, e neppure troppo affettuosi. Ai torinesi certe cose non piacciono. Siate distaccati, piuttosto. Non mostrate i vostri veri sentimenti. Ricordatevi anche sempre, a Torino, di non uscire mai dal vostro ambiente. A meno che naturalmente, arrivando a Torino, non decidiate di fare un regalo alla città. Mostrando ai suoi abitanti che si può vivere altrimenti.

Sotto il tappeto

Succede spesso anche negli appartamenti più lussuosi, specie quando si attendono ospiti: prima o poi, la polvere finisce sotto il tappeto. E la si dimentica lì. Ho scritto *Torino è casa mia* poco prima dei Giochi invernali del 2006, e nel giro di due o tre anni la città è molto cambiata. Dal centro sono sparite librerie storiche e antiche farmacie. Al Lingotto è nato Eataly, lussuoso supermarket alimentare per chi è disposto a spendere in un'ora l'equivalente di quanto spende in un anno la popolazione di un villaggio africano. In periferia è nato *Tossic Park*, famoso supermarket della droga che è valso alla città servizi in prima serata perfino al TG1. Nuovi quartieri residenziali sono sorti dove un tempo sorgevano fabbriche. In una fabbrica alcuni operai hanno perso in modo atroce la vita. La fabbrica torinese per definizione ha invece saputo risorgere dopo che in molti l'avevano data per spacciata. Torino però il vecchio luogo comune di 'città-fabbrica' se l'è scrollato di dosso. È diventata capitale della cultura, e mentre scrivo si candida a diventare capitale dei giovani. Anche grazie al successo delle Olimpiadi, durante le quali i torinesi hanno letteralmente riscoperto il loro habitat naturale, trovandolo a un tratto bellissimo, almeno in centro: gli abitanti del quartiere Aurora, dove gli angoli delle strade sono controllati dagli spacciatori, si sono fatti un'altra idea. Sia come sia, sono successe cose inimmaginabili. Per esempio il ritorno del Toro in Serie A nell'anno stesso in cui l'altra squadra cittadina finiva per la prima volta in Serie B. O il completamento della prima linea della metropolitana. O la fusione del San Paolo con Intesa. O, sempre a proposito del San Paolo, il riposizionamento della linea degli sportelli nella sede del San Paolo di Piazza San Carlo, avvenuto proprio in seguito all'uscita di questo libro, di modo che adesso i torinesi in coda a uno sportello riescono nuovamente a vedere quanti torinesi sono in coda agli sportelli vicini (è il più grande risultato mai raggiunto da uno dei miei scritti, e ringrazio qui il San Paolo anche a nome degli altri correntisti). Per tacere dei progetti di grattacieli che davvero nessuno a Torino avrebbe pensato di vedere mai e che invece un giorno modificheranno per sempre uno *skyline* finora dominato dalla Mole Antonelliana. Già, i grattacieli. E i quartieri Spina 1, Spina 2, Spina 3 e seguenti. E il PalaIsozaki e il PalaFuksas. E il problema della 'gestione dell'eredità olimpica', che forse ci si sarebbe dovuto porre prima dei Giochi, non dopo. E le OGR che dovevano diventare addirittura il nostro Centre Pompidou ma che grazie a una fondazione bancaria diventeranno comunque qualcosa. Ecco, la Torino che tanto ama elencare i suoi primati ne ha aggiunto un altro al suo *palmarés*: è diventata la città italiana dove si è costruito di più nel corso degli ultimi lustri. Al punto che nell'annuale rapporto dell'Antimafia, edizione 2008, si è letto che proprio in riva al Po la criminalità organizzata poteva aver riciclato un po' di denaro. Ma com'è universalmente noto, in Italia la mafia non esiste, e figuriamoci a Torino. Infatti, dopo la pubblicazione della notizia sulle pagine locali di un quotidiano, qualcuno ha minacciato di querelare l'Antimafia a tutela della cittadinanza offesa. Di modo che alla fine, dopo i fiumi d'inchiostro versati per celebrare la nuova Torino della celebre *movida*, nuova specialità locale dopo i grissini, la cioccolata e le auto, mi sono detto che se valeva la pena di aggiungere qualcosa a *Torino è casa mia*, sarà stato anche per via del titolo, doveva avere a che fare con gli immobili. Così sono andato a trovare una serie di persone che lavorano nel settore. Ecco che cosa mi hanno raccontato.

Per molto tempo a Torino si è parlato della Torino 'che verrà'. Oggi quel futuro si sta delineando. E a tre anni di distanza dalle Olimpiadi invernali del 2006 si può forse provare a fare un check-up della città da un punto di vista architettonico e urbanistico. In che condizioni è il corpo di Torino? Le aspettative della collettività sono state soddisfatte? Le promesse delle autorità mantenute? Ne parlo dall'alto della Torre Littoria con Benedetto Camerana, l'architetto che ha coordinato il team internazionale cui si deve la realizzazione dell'Arco del Lingotto e del Villaggio Olimpico nell'area degli ex Mercati Generali.

«A Torino si è fatto molto, ma molto resta ancora da fare. Per restare alla metafora del corpo, potremmo dire che il centro storico, grandissima eredità della visione dei Savoia e dei loro architetti, è la testa, e dunque il volto della città. Bene. Il lifting cui è stato sottoposto è ben riuscito, privo di eccessi. Nel resto del corpo invece sono stati fatti trapianti, protesi: il Ponte Olimpico per esempio è come un bypass che innesta un'arteria in più, migliorando la circolazione sanguigna tra quelle due parti del corpo urbano. E certo, se si considera l'insieme di questi interventi, si scorgono contraddizioni in termini di qualità.»

È di questi giorni l'appello al sindaco per evitare l'ennesimo abbattimento di una fabbrica, le OGM. Al contrario di quanto accade nel resto del mondo, a Torino l'architettura industriale anziché essere riciclata viene sistematicamente rasa al suolo.

«Le fabbriche per Torino erano muscoli: pompavano dinamismo nella città. Oggi tutti camminiamo meno di un tempo, e al posto dei muscoli si sono costruiti quartieri residenziali. In certi casi il trapianto è stato un po' rigettato. Senza voler giudicare il lavoro altrui credo si possa dire che sono state fatte cose più belle e altre meno belle, e che i risultati migliori sono venuti dal pubblico. Va anche detto che dal punto di vista della qualità il mercato italiano è quello che è: i quartieri residenziali a Torino non sono granché, ma succede lo stesso anche nel resto del Paese. Bisogna però tenere presente che contestualmente alla chiusura delle fabbriche, nel 1995, è partito il nuovo Piano Regolatore di Cagnardi. Questo ha aperto le porte alla trasformazione di una città che non aspettava altro.»

Resta il fatto che basta andare a Copenaghen o ad Anversa per rendersi conto di come anche in fatto di quartieri residenziali oggi in Europa si possano vedere cose assai diverse rispetto a quelle sorte di recente nella nostra città.

«Da un lato, tutto è stato fatto con grande rapidità, e non c'è stato modo di lavorare gradualmente, così da valutare l'effetto di ciascun cambiamento prima di procedere a quelli successivi. Le varie Spine, per dire, sono nate contemporaneamente. Dall'altro, i costruttori sono in linea di massima sempre gli stessi, cioè quelli locali, e ne consegue che il mercato torinese è chiuso. Naturalmente i mercati chiusi sono quelli che vedono meno innovazioni, ed è per questa ragione che i nuovi quartieri sono così simili tra loro. E, tornando a parlare di fenomeno di rigetto, talvolta sono i cittadini che come globuli bianchi attaccano l'organo trapiantato. Ma siamo in una fase di lavori in corso, e il futuro non è ancora delineato pienamente.»

Che cosa resta da fare?

«Moltissimo, perché i problemi aperti sono tanti, a cominciare dalla cosiddetta Città della Salute. Si è parlato di portarla a Collegno o a Grugliasco, e allora viene da chiedersi: fin dove arriva il corpo di Torino? Un'altra questione da risolvere è quella delle Basse di Stura: che fare di quell'area? E Mirafiori? Dopo le facoltà d'ingegneria arriveranno anche le residenze universitarie? C'è tanto da pensare, insomma, e questo è positivo. Ma si tratta di riflessioni complesse, perché il luogo e la funzione dovrebbero essere integrati con accoppiamenti biunivoci. Tuttavia, anche il discorso sul centro della città rimane aperto».

Ci avviciniamo a una delle finestre al 13° piano della Torre Littoria. Piazza Castello brulica di gente.

«Il fatto è che il centro storico della città è stato sempre un luogo abitato, prima soprattutto da fasce economicamente più deboli, ora anche più da benestanti. Accade dappertutto, ma a Torino il centro è ancora molto misto. Vedo però due rischi: innanzitutto lo svuotamento abitativo che potrebbe seguire l'improvviso successo turistico e immobiliare della città. Un centro vive perché ci sono i residenti, in caso contrario si rischia di fare la fine di Venezia: e perciò i residenti vanno trattati bene, senza dare per scontato che siano tutti facoltosi, perché per fortuna così non è. Qui invece si tende a rendere difficile la vita a chi risiede in centro, e soprattutto ai meno abbienti: penso al problema del parcheggio, che i più ricchi risolvono comprandosi un box, o girando in taxi. In secondo luogo, l'effetto circo: le piazze San Carlo, Castello e Vittorio Veneto hanno il loro carattere e la loro vocazione, sono spazi aulici, e dovrebbero essere vissuti come tali, senza cedere alla tentazione di ripetere le innumerevoli baraonde che abbiamo visto in questi ultimi anni. Fino a ieri servivano a 'lanciare' Torino, ma oggi non ne abbiamo più bisogno, in centro è meglio alzare il livello e spostare le manifestazioni più allegre e chiassose nelle 'nuove centralità' come il Lingotto, il Palahockey, magari la futura Mirafiori.»

La professoressa Chiara Ronchetta, titolare della cattedra di Progettazione presso il nostro Politecnico e membro dell'AIPAI, Associazione Italiana per il Patrimonio Archeologico Industriale (iscritta al TICCIH, The International Committee for the Conservation of the Industrial Heritage) mi riceve nel cortile d'onore della facoltà di Architettura. Mentre ci avviamo verso il suo ufficio mi presenta il collega professor Marco Trisciuoglio, con cui ha firmato il recente appello per la salvaguardia del complesso Liberty delle OGM, il più importante in città nell'ormai sparuto gruppo di quelli ancora intatti. Così, chiedo subito alla professoressa Ronchetta se è d'accordo con quanto affermato sul quotidiano «La Stampa» dall'ingegner Gallesio, *art director* della DE-GA SpA nonché Presidente del Collegio Costruttori Edili della Provincia di Torino, secondo cui in fatto di fabbriche «si deve recuperare solo quello che si può riutilizzare», evitando una cultura della conservazione fine a se stessa. «Si tratta di un'affermazione in parte condivisibile. Chiedersi che cosa si può fare con le vecchie fabbriche è serio. Ma occorre la volontà di vedere le cose, e poi di capire come realizzarle. Il problema in realtà è a monte dei costruttori, e ha a che fare con il Piano Regolatore di Cagnardi. Il quale ha messo in atto una filosofia più che comprensibile: Torino è stata per decenni una città immobile, basti pensare che il piano regolatore precedente, pur ritoccato da molte varianti successive, risaliva al 1959 ed era stato concepito soprattutto per mettere mano alla questione della viabilità. Quindi l'obiettivo di Cagnardi, dare nuovi sbocchi alla città, è sacrosanto, e non si può accusarlo per il fatto di aver voluto innovare. Per attuare questa innovazione tuttavia si è scelto di sfruttare l'interramento della ferrovia, lì dove erano nate, cresciute e infine morte tante industrie torinesi. Quelle che nel 1964 Pierre Gabert censiva nel suo libro *Turin, Ville Industrielle*, e di cui non resta quasi traccia: la città che aveva sviluppato un suo patrimonio di architettura industriale, fin dal momento in cui aveva dovuto reinventarsi dopo lo spostamento della capitale all'indomani dell'Unità d'Italia, non esiste più.»

Lei parla di patrimonio, cioè di ricchezza. Perché si è scelto di radere al suolo le vecchie fabbriche, se erano una ricchezza? «Il fatto di trovarsi di fronte ad aree dismesse è certo un problema. Ma si tratta di aree edificate, considerate dai più come aree di archeologia industriale. Ora, il concetto non è conservare quegli edifici tanto per conservarli: bisogna saperli valorizzare. E a chi tocca farlo? All'amministrazione pubblica. Non è colpa degli imprenditori, se Torino ha perso il suo patrimonio di architettura industriale. Non stava a loro individuare le linee da adottare per la salvaguardia.»

La professoressa Ronchetta mi mostra un numero di «Rassegna», prestigiosa rivista di architettura. «Vittorio Gregotti parlava già nei primi anni Novanta degli aspetti economici e progettuali riguardanti le aree dismesse, che diventano un nodo della pianificazione urbana.»

Interviene il professor Trisciuoglio: «Il Piano Regolatore del 1908, quello che a tutti gli effetti ha costruito la città industriale, non ragionava ancora in termini di aree, ma di isolati. Intorno all'isolato dove veniva costruita una fabbrica, ecco dove vivevano gli operai. Nel momento in cui si sono cancellate le fabbriche, ci si è dimenticati di ciò che stava intorno, delle connessioni tra fabbrica e città.»

Chiedo alla professoressa Ronchetta qual è stata la perdita più grave. «Forse la Michelin. Era disegnata come una città: varcavi il cancello ed entravi in un villaggio dove le strade avevano nomi, alcuni edifici erano di Passanti. Oggi è rimasta solo la torre di raffreddamento. E mantenere solo alcuni elementi come simbolici di un passato di cui non si riesce più a cogliere il significato, come nel caso della Spina 3, o tenere in piedi giusto una facciata per radere al suolo il resto e costruire un supermercato, sorte toccata alla Materferro, non ha davvero senso.»

Nel resto del mondo, difficile negarlo, si ragiona diversamente. «Il caso più eclatante è quello della Ruhr: lì sono riusciti perfino a bonificare gran parte dei terreni, rinaturizzandoli, cioè facendo ricrescere il verde in maniera spontanea. Poi hanno trasformato le ex fabbriche e miniere in musei, biblioteche, centri culturali, ed è stato un successo anche in termini di turismo. È accaduto lo stesso in Spagna, in Inghilterra, in Belgio: il Museo d'Arte Contemporanea Grand-Hornu con il suo parco scientifico richiama 400.000 visitatori l'anno, ed è nato in un complesso industriale del 1920, di cui si sono recuperate più di 400 case di minatori. Il bello è che noi spesso riceviamo richieste nel settore del turismo culturale di stampo industriale: dall'estero ci chiedono di venire a Torino per vedere come sono state trasformate le vecchie fabbriche! Naturalmente esistono casi positivi, vedi il Lingotto di Renzo Piano o la Carpano, che i giovani architetti di Negozio Blu hanno trasformato in Eataly: perché non si tratta di essere conservatori, non è che bisogna museificare tutto. Lì la volontà della conservazione ha fatto sì che si mettessero insieme un'idea forte e un gruppo economico disposto a crederci.»

E le OGM? Non potrebbero trovare un destino simile? «È quello che chiedono anche i cittadini. I nostri studenti hanno presentato progetti fattibili e redditizi, che però prevedono il rispetto della struttura concepita tra gli altri da Fenoglio e da Trucco. Per ora, nessuno ha voluto ascoltarli.»

Il professor Pierre-Alain Croset, nato a Ginevra ma residente a Brescia, insegna al Politecnico di Torino da cinque anni a questa parte. Gli studenti che hanno dato vita al comitato che si propone di salvare le ex OGM, il complesso industriale famoso per il suo 'Lingottino', si sono laureati con lui. «Avevo scelto l'area delle ex OGM come soggetto per i miei laureandi: volevo vedere quali soluzioni si sarebbero inventati per uno spazio che era straordinario per storia, dimensioni e monumentalità. Era una sfida, uno stimolo per cercare soluzioni innovative. Poi è successo che gli studenti si sono così appassionati da fondare il comitato, e devo dire che mi hanno sorpreso per la loro maturità. Io da docente li avevo formati come architetti, e l'architettura ha per sua natura una dimensione etica, sociale, politica. Ma loro si sono rivelati dei cittadini consapevoli. Non ho bisogno di appoggiarli, come spesso usa in Italia, dove in genere si pensa che i giovani non possano dire la loro senza che ci sia dietro un adulto. Apprezzo i loro progetti alternativi a quello ufficiale, ma la loro azione non è contro i progettisti: la cosa interessante in questa vicenda è che si prenda coscienza di un'occasione di architettura, perché una volta che un patrimonio industriale è perduto, è perduto. Dopo non resta che piangere.»

Lei usa l'espressione 'prendere coscienza'. Ritiene che a Torino non vi sia una presa di coscienza riguardo all'architettura? «A Torino, come altrove in Italia, si parla poco di architettura. Quando accade è solo per motivi scandalistici, vedi i vari eco-mostri, oppure per celebrare le grandi star, che vengono trattate come gli stilisti della moda. Invece si dovrebbe parlare di architettura in termini quotidiani, perché la buona architettura migliora la vita di tutti noi. Penso ad esempio alla questione del traffico nelle grandi città, che interessa l'80% della popolazione: è un problema che meriterebbe approfondimenti, discussioni. Più spesso invece si fa polemica, come nel caso dei parcheggi sotterranei delle piazze San Carlo e Vittorio. A Lione 15 anni fa il discorso venne affrontato e risolto senza difficoltà, si trattava di una cosa di ordinaria amministrazione. A Torino tutto è stato più macchinoso. Là però si è proceduto per concorsi, c'è stato un confronto, si sono viste più ipotesi prima di partire coi lavori. A Torino, tranne rari casi, un vero dibattito non c'è.»

In effetti a Torino il dibattito avviene dopo, vedi Piazzale Valdo Fusi, non a caso l'opera più criticata dai suoi 123 colleghi. «Quello è l'esempio di una buona intenzione realizzata male. Il concorso c'è stato, e il progetto dell'architetto Massimo Crotti aveva una grande intuizione, fondere uno spazio pubblico svuotato dalla guerra con l'idea di paesaggio. Poi però l'architetto non ha avuto gli strumenti per realizzare il suo progetto. Sono intervenuti assessorati, uffici tecnici, facendo modifiche su modifiche. La committenza non ha dato fiducia al vincitore del concorso, e il risultato è stato un ibrido. Il pasticcio però è nato dall'assenza di trasparenza. Bisognava discutere il progetto prima di aprire il cantiere.»

Si è parlato a proposito di Torino di mercato chiuso. Lei viene da fuori. Che cosa ne pensa? «Beh, quando arrivo da Brescia per fare lezione e il treno rallenta all'altezza della Spina 3, mi viene da piangere. È un'architettura che nasce vecchia, perché al di là della questione dell'abbattimento delle fabbriche non si è colta l'occasione data dal Piano Regolatore. Questo paesaggio urbano di edifici alti staccati tra loro è un errore. Ma il vero problema è la qualità edilizia, molto bassa. Ripeto: sono edifici vecchi di trent'anni con orpelli neomoderni, lamiere, vetro, legno, tutti quei balconi. Salverei invece la Spina 2, dove ha dato una consulenza Jean Nouvel: lì c'è un respiro europeo, sono edifici semplici, moderni, cosmopoliti. Potrebbero stare a Parigi o Berlino, anche se sarebbero di Serie B. Il fatto è che a Torino non c'è concorrenza, esiste un mercato di cartello. Basti pensare che 10 o 15.000 appartamenti sono stati fatti da 3 o 4 costruttori. E dove non si fanno concorsi e non c'è concorrenza, non c'è rinnovamento: questo lascia molta amarezza. Si formano tanti giovani architetti, spesso molto bravi, e non si sa dove consigliare loro di andare a lavorare. È difficile per un architetto giovane avere occasioni professionali a Torino. Un mio allievo è stato assunto da Norman Forster. All'estero anche i privati sono costretti a fare concorsi, ecco perché i mercati non sono protetti. Pensiamo poi all'edilizia popolare pubblica, al piano INA Casa negli anni Cinquanta: quello era il motore che ispirava anche i privati. Oggi in Italia questo si è perso. Gli immobiliaristi dicono che se una casa è troppo moderna costa troppo. Ma fate lavorare i giovani, fate abitazioni innovative, e poi si vedrà se piacciono solo a noi architetti o anche alle nuove generazioni. Sono i politici stanchi e gli immobiliaristi stanchi a non credere nell'innovazione. Che però non passa per gli stadi o i palasport, ma per l'edilizia residenziale, le piccole cose.»

Spesso nel recente passato, a proposito delle Olimpiadi, si è fatto il parallelo tra Torino e Barcellona. «Per le Olimpiadi a Barcellona si sono fatti 300 concorsi. Torino ne ha fatti 8, e sono stati poco pubblicizzati. L'eredità migliore lasciata dai

Giochi è il Villaggio Olimpico, anche se nel dopo-Olimpiadi è stato gestito male. Torino ha ancora grandi occasioni, ma deve svegliarsi, darsi una mossa. Si possono fare concorsi anche per una fermata d'autobus, dare piccoli incarichi a neolaureati. Per il bene della città, bisogna differenziare la politica degli incarichi.»

Ecco. In occasione del Congresso Mondiale degli Architetti, tenutosi a Torino nell'estate del 2008, «Il Giornale dell'Architettura» mi ha chiesto di fare una domanda agli architetti medesimi, proprio in quanto autore di *Torino è casa mia*. «Un colpo, un colpo solo»: mi è subito venuto in mente Robert De Niro ne *Il Cacciatore*, quando dà a se stesso una sola possibilità per uccidere l'alce che ha inquadrato nel mirino. Una domanda, una domanda sola... Quale poteva essere? Non era cosa facile, visto che oltretutto si trattava di farla a degli architetti. Perché le domande che mi venivano e che mi vengono in mente, quando penso alla mia città e alle trasformazioni che ha visto in questi anni, sono tante. Come sceglierne una sola? Per dire: che ve ne pare del modo in cui Torino ha deciso di sfruttare quell'occasione unica nella storia di una città rappresentata dalla possibilità di costruire nuovi quartieri nelle aree liberate dall'interramento della ferrovia? Che ne pensate della nuova edilizia residenziale? Vi sembra che gli edifici sorti sulla Spina 3 e altrove siano in linea con gli odierni standard europei? Che ne dite del fatto che a Torino l'esempio del Lingotto è rimasto un caso pressoché isolato? Come mai secondo voi aree industriali che nel resto d'Europa come usa ormai da decenni si sarebbero 'riciclate', penso innanzitutto alla Teksid e alla Michelin, sono state invece rase al suolo per poi ospitare dei condomini? Li avete visti, quei condomini? Come vi paiono? Qual è la vostra opinione in merito a un'opera come il PalaFuksas? Come mai secondo voi non è ancora stata trovata una destinazione d'uso a tale edificio? Ed è normale che in tutti questi anni non sia ancora stata trovata? Che ne pensate del nuovo aspetto di un luogo come Piazzale Valdo Fusi? Come giudicate la cancellata e il bastione eretti nella cosiddetta Area Romana? Perché una città come Torino si affida ancora prevalentemente a un servizio d'autobus per i collegamenti fra il centro e l'aeroporto di Caselle? Perché in occasione delle Olimpiadi invernali sono stati banditi a Torino solo 8 concorsi internazionali, quando a Barcellona furono 300? Perché si sono investiti 5 milioni di euro per la realizzazione di una cosa come l'Arena Rock, un'area scoperta dove le rockstar rifiutano di esibirsi? Perché a distanza di appena 19 anni dai Mondiali di Calcio di Italia '90 lo Stadio delle Alpi è già obsoleto? Perché se ci si laurea in Architettura a Torino anche con ottimi voti poi non si trovano sbocchi lavorativi nonostante questa sia la città dove più si è costruito in Italia? E visto che ci siamo, qualcuno di voi vuole forse comprarsi la Mole, il Regio e il Carignano? Perché pare che a un tratto Torino non possa più permetterseli, chissà come mai. Ma già, agli architetti convenuti a Torino potevo fare solo una domanda. E allora ho chiesto loro: l'avete già assaggiato il 'bicerin'?

Ringraziamenti

Grazie a Roberto Bellato, Gabriele Ferraris, Beppe Minello, Gianni Armand-Pilon e Stefania Miretti, che da anni mi danno la possibilità di raccontare Torino sul settimanale «TorinoSette» e sulla cronaca cittadina della «Stampa»: qua e là in queste pagine riaffiorano frammenti di alcuni di quegli articoli. Grazie a mia madre, che quegli articoli li ha conservati tutti. Grazie a «Gente Viaggi» che anni fa mi chiese un pezzo su Torino quando non se la filava nessuno. Grazie a Paola, che al Caffè Fiorio quand'ero ragazzo e non andavo all'Università mi permetteva di scrivere per intere mattinate a uno dei tavolini al prezzo di un cappuccino, oltretutto scontato. Grazie a Francesco Pistoi, che a Torino un'estate mi ha insegnato a contare fino a otto. Grazie a Nicus per la cartina. Grazie a dj Luciano, il funkfenomeno, e a tutti i ragazzi e le ragazze del Barcode. Grazie a Ivan. Grazie ad Andrea e a tutto il Pastis. Grazie a Inge e al Goethe Institut. Grazie a Mister Hu, il miglior sushi in città. Grazie a W.+A. e a P.V.T. Grazie a Raschio che dice che c'è Torino in Africa. Grazie a Fabrizio, Graziano, Fabio e Gabriele, che casa vostra invece è Roma. Grazie naturalmente a Torino. E grazie a Barbara, per tutto.